TRANSFORMACIÓN

TRANSFORMACIÓN

**UN ESTUDIO DE DESCUBRIMIENTO DE 13 SESIONES
PARA GRUPOS PEQUEÑOS**

VÍA DIÁLOGO DEL EVANGELIO SEGÚN JUAN

BASADO EN EL LIBRO, *LA TRANSFORMACIÓN*, ESCRITO POR
JOHN DANNEMILLER E IRVING STUBBS

ADAPTADO PARA USO DE GRUPOS PEQUEÑOS POR
BRIAN REGRUT

TRADUCIDO DEL INGLÉS POR
DRA. FRANCELIA CHÁVEZ DE MCREYNOLDS

Sé una nueva creación

TRANSFORMACIÓN

© 2022 Living Dialog Ministries
Apartado postal 15125
Richmond, VA 23227

Todos los derechos reservados

Publicado en los Estados Unidos de América por Living Dialog Ministries, una organización 501 (c) (3) exenta de impuestos. www.livingdialog.org
ISBN: 978-0-9890791-8-1

Las citas de las Escrituras, a menos que se indique lo contrario, se toman de LA SANTA BIBLIA NUEVA VERSIÓN INTERNACIONAL (NVI)
Copyright © 1979, 2015 de la Sociedad Bíblica Internacional.
Usado con permiso de Zondervan. Todos los derechos reservados.
Portada por Frank Gutbrod

18 17 16 15 14 13 7 6 5 4 3 2 1

Impreso en los Estados Unidos de América.

CONTENIDO

INTRODUCCIÓN *07*

SESIÓN 1 ¿Por qué se hace referencia a Jesús como La Palabra? *12*

SESIÓN 2 ¿Quién es Juan el Bautista? *17*

SESIÓN 3 ¿Qué hizo y dijo Jesús? *22*

SESIÓN 4 ¿Por qué Jesús se reunía con los marginados de la sociedad? *30*

SESIÓN 5 ¿Por qué es difícil entender algunas de las enseñanzas de Jesús? *38*

SESIÓN 6 ¿Qué significa ser un esclavo del pecado? *46*

SESIÓN 7 ¿Por qué Jesús se identifica como un pastor? *56*

SESIÓN 8 ¿Qué quiere Jesús que entiendan sus seguidores? *63*

SESIÓN 9 ¿Qué quiere decir Jesús cuando declara: "He vencido al mundo"? *69*

SESIÓN 10 ¿Cómo pasó Jesús sus últimas horas con los discípulos? *77*

SESIÓN 11 ¿Por qué tuvo que morir Jesús? *83*

SESIÓN 12 ¿Cómo reaccionaron a la resurrección los seguidores más cercanos de Jesús? *92*

SESIÓN 13 ¿Cómo es la Transformación? *97*

EPÍLOGO *103*

INTRODUCCIÓN

Hemos diseñado este estudio de 13 sesiones para ayudar a los grupos pequeños a comprometerse en un diálogo sobre Jesús, el individuo más importante en la historia del mundo. Durante esto fomentaremos el descubrimiento de los fundamentos de la vida cristiana, mientras escuchamos las enseñanzas de Jesús y vemos cómo interactuó con la gente de todos los ámbitos de la vida.

Nuestra esperanza es que, al leer las Escrituras, luches con las preguntas, y escuches lo que otros están descubriendo, lo harás obteniendo una comprensión más rica de Jesús y lo que significa ser transformado en un hijo de Dios. Rico en teología, y esencial para el evangelismo, este estudio ofrece una nueva y refrescante guía del Evangelio según el apóstol Juan. Si tienes preguntas acerca de lo que has oído acerca de Jesús o si tienes preguntas que te gustaría preguntarle, encontrarás estos momentos semanales de estudio excepcionalmente interesantes.

Conoceremos mejor a Jesús y aprenderemos a relacionarnos unos a otros a través de conversaciones y pláticas transformadoras. A pesar de los beneficios que muchos experimentan a través de sistemas de comunicación modernos, la mayor parte de nuestra mensajería del día a día es relativamente superficial. La mayor parte de la población mundial está condicionada a deslizarse a lo largo de la superficie de ideas y eventossin descubrir las verdades profundas que yacen en lo más profundo del interior de ellas mismas.

A decir verdad, las experiencias son más ricas cuando se comparten. Si experimentaste un evento o experiencia de vida milagrosa y viste cosas que nunca habías visto antes, ¿no querrías contárselo a alguien? Mejor aún, ¿no te gustaría tener a alguien con quien pudieras compartir el "¡Guau!"?

En tu reunión de compañeros que viajan a través de los mensajes y significados de Jesús, estás invitado a compartir tus experiencias a través del diálogo. Creemos que el significado de la palabra "diálogo" es una charla "grande", un intercambio de corazón a corazón que tiene el poder de transformar a todos los que participan en la conversación. Nuestro objetivo es simple. Cuando leas esto, nuestra esperanza y oración son: "Conocerás a Jesús como nunca lo has conocido jamás".

Tipos de diálogos

Habrán diferentes tipos de diálogos que experimentaremos durante nuestras reuniones:

> *Diálogo con Dios:* creemos que Dios nos llama a cada uno a una relación con Él. Esta relación nos da sentido y propósito para nuestras vidas. Dios quiere algo profundo, personal y comunicación abierta con nosotros.

> *Diálogo con uno mismo:* mientras piensas en lo que escribe Pablo y lo que significa para la iglesia en el siglo XXI, puedes tener pensamientos y sentimientos que aclaran, estiran y desafían tu comprensión de Jesús y el cristianismo. Puedes pensar: "¿Es eso lo que realmente quiso decir Jesús?", "¿Me pregunto qué está diciendo realmente Pablo con eso?" o "yo

nunca lo pensé de esa manera antes".

Diálogo con otras personas que están físicamente presentes: el intercambio de pensamientos y sentimientos amplifica y profundiza tu entendimiento. Algunos de nosotros aprendemos de Jesús, otros de las palabras de otros.

Diálogo con otras personas que no están presentes: las palabras y las ideas de otras personas que has conocido interactúan con tus propios pensamientos y le dan forma a tus percepciones tanto positiva como negativamente.

Invitación al diálogo

El tipo de diálogo que queremos cultivar en nuestro grupo no es otra palabra para "discusión" o "debate". La discusión es analítica y, por lo general, separa las cosas. En un debate, cada lado busca ganar puntos. El diálogo, por otro lado, es una forma en la que juntos buscamos entendimiento.

El diálogo está destinado a:
- no defender sino preguntar
- no discutir sino explorar
- no para convencer sino para descubrir

Nos escuchamos unos a otros para descubrir lo que se quiere decir. Suponemos que cada miembro del grupo tiene una parte de la respuesta a la pregunta, y que juntos, el grupo puede crear una nueva y mejor respuesta. Celebramos nuevos conocimientos, mayor claridad, y entendimientos más profundos cuando ocurren.

El acuerdo no es el propósito del diálogo. Es importante suspender el juicio sobre las contribuciones de otros. Los desacuerdos pueden verse como una forma diferente de ver un asunto. Los desacuerdos pueden estimular a un grupo a buscar significado y claridad que van más allá de las opiniones contradictorias iniciales.

Cómo usar esta guía

Estas doce sesiones guiarán tu grupo en un diálogo con Pablo y unos con otros a través de poderosos mensajes sobre Dios, Su Hijo Jesús, el Espíritu Santo, la Iglesia y de lo que trata el cristianismo.

Esta guía no podría ser más sencilla de usar. ¡No se requiere de preparación previa ni de estudio! Algunos grupos pueden optar por comenzar cada reunión con oración, o tomar unos minutos para ponerse al día acerca de sus vidas.

Para iniciar tu tiempo de diálogo, tu facilitador o alguien de tu grupo leerá algunos párrafos breves que son una mezcla de resumen y citas directas de la Biblia.

Inmediatamente después de cada sección, encontrarás una pregunta o dos diseñadas para lanzar a tu grupo al diálogo sobre las ideas y cuestiones planteadas en el texto. Tu grupo debe detenerse al final de cada segmento para considerar las preguntas que se plantean antes de pasar al siguiente segmento de texto. Las preguntas se verán así:

> ¿Estás dispuesto a experimentar una transformación espiritual? ¿Por qué sí y por qué no?

Encontrarás preguntas adicionales al final de cada sesión si tu grupo desea hablar más del tema para reflexión personal.

Planifica una hora más o menos para el diálogo para cada reunión. Algunos grupos han ido mucho más allá de una hora debido a la intensidad y el disfrute del diálogo. El facilitador de tu grupo debe ser sensible al compromiso de tiempo que cada miembro ha hecho para el grupo. Asegúrate de que los miembros del grupo estén de acuerdo en ir más allá del tiempo establecido si el tiempo de discusión extendido parece ser justificado.

Recuerda que el facilitador de tu grupo no está ahí para responder como respondería un hombre o una mujer sino como respondería un entrenador. Cada miembro de tu grupo aporta conocimiento y valor al diálogo a medida que elaboren una respuesta juntos. Tu facilitador ayudará a honrar el compromiso de tiempo de tu grupo y lo guiará a través del material cada semana.

Cerrarás cada sesión con un diálogo en oración. Afirmar que Cristo ha estado contigo mientras compartiste una comida y hablado de Su Historia cada semana, es la base de este tiempo juntos. Los miembros de tu grupo pueden tener necesidades en sus vidas, preguntas e inquietudes planteadas a través del diálogo de la sesión. Esta guía ofrece algunos consejos generales sobre cómo orar conversacionalmente, así como sugerencias sobre cómo dar forma a tu experiencia de oración. La oración puede no ser una disciplina familiar para ti, pero puede ser tan simple como dialogar con un amigo. Y ¡tú lo eres!

Cada persona debe tomar su propia decisión de sí o no convertirse en un seguidor de Jesús. Esta decisión tiene trascendencia eterna. Esperamos y oramos para que tú y tu grupo disfruten su viaje con Pablo iluminando el camino. Que cada miembro sea bendecido, desafiado y animado a medida que considere su guía para convertirse en una nueva creación en Cristo. Entonces, comencemos.

SESIÓN 1

¿POR QUÉ SE HACE REFERENCIA A JESÚS COMO LA PALABRA?

Juan 1:1-18

Estamos a punto de embarcarnos en uno de los estudios más gratificantes de la Palabra de Dios. Como verás, El Evangelio según el apóstol Juan es único entre los cuatro evangelios. En el libro de Juan, vemos más del lado humano de Jesús de lo que vemos en cualquiera de los cuatro relatos de los evangelios. Recuerda, Jesús era tanto plenamente Dios como plenamente hombre, un concepto divino en torno al cual es difícil envolver nuestras mentes humanas. Aun así, Juan, inspirado por el Espíritu Santo, nos muestra un Jesús con quien podemos fácilmente relacionarnos. Se enoja, llora compartiendo el dolor y sufre en espíritu y en cuerpo de la misma manera que experimentamos nosotros estos aspectos en la vida. Así que preparemos nuestros corazones para una visión única de un individuo único, porque nunca ha habido ni habrá de nuevo, Alguien que sea como nuestro Salvador, Jesucristo.

En esta sesión veremos una introducción al evangelio de Juan que nos desafía a ver a Cristo a través de un lente espiritual diferente. En la Segunda Sesión estudiaremos el resto del primer capítulo para comprender mejor el papel de Juan el Bautista y el llamado de los hombres que serán los compañeros más cercanos de Jesús durante los tres años siguientes.

ALa Biblia en el Nuevo Testamento comienza con los cuatro evangelios, cada uno proporcionado por un escritor diferente y cada uno similar a los demás de varias maneras. Los evangelios son diferentes en el sentido de que cada uno es escrito para un público diferente y ofrece la perspectiva del autor. Mateo, Marcos y Lucas, son narraciones de la

vida, enseñanzas y obras de Jesús. El evangelio de Juan, por el contrario, está escrito para afirmar claramente que Jesús es el Cristo, el hijo de Dios, y que creyendo podemos tener vida en su nombre.

A diferencia de los evangelios de Mateo y Lucas, Juan no comienza su relato con la natividad. En lugar de comenzar con el nacimiento de Jesús o con el comienzo de su ministerio, Juan regresa a antes del tiempo, a un lugar donde sólo existía Dios, el Padre, el Hijo y el Espíritu Santo. El apóstol Juan comienza en el principio. Él inicia su evangelio con: "En el principio ya existía el Verbo, y el Verbo estaba con Dios, y el Verbo era Dios. Él estaba con Dios en el principio" (Juan 1:1-2). Y así comienza un viaje único a través de la vida, la muerte y la resurrección de Jesucristo, un camino que nos muestra la humanidad de Cristo, así como su divinidad.

La presentación de Juan de su Evangelio suena muy parecida a un poema o incluso a la letra de una canción. Su referencia a Jesús, el Cristo, como La palabra puede haber sonado similar a la filosofía griega para los primeros lectores y puede haber tenido la intención de llamar la atención de judíos y gentiles por igual. Por alguna razón el Espíritu Santo inspiró a Juan a comenzar de esta manera, sabemos que él comienza pronto en su relato del evangelio a presentar la historia de la vida de Jesús de una manera única.

Por ejemplo, en lugar de referirse a sí mismo en primera o segunda persona, Juan se refiere a sí mismo al menos seis veces en su evangelio en tercera persona como "el discípulo a quien Jesús amó". Solo podemos especular su razonamiento para escribir de esta manera, pero muchos creen que Juan deseaba desviar la atención lejos de su propio nombre a favor del nombre de Jesucristo. Quizá, en su humildad, se veía a sí mismo como innecesario.

Por lo tanto, rara vez usaba su propio nombre. Sin embargo, al referirse a sí mismo como "el discípulo a quien Jesús amó", Juan revela algo acerca de su relato del evangelio que es innegable; Juan nos estaba presentando una imagen mucho más personal de Jesús que cualquiera de los otros evangelios.

Es en Cristo como la Palabra Viviente de Dios que Juan coloca su énfasis en la primera parte del capítulo 1. Inspirado por el Espíritu Santo, Juan vio a Jesús mucho más que Alguien que hablaría la Palabra. Juan vio a Jesús como la Palabra Viva y Respirable del Padre que bajó del cielo para tener comunión con la humanidad.

[Juan: 1:1,2]

> **Alguien declaró que "desde principio sin principio" ha habido Dios. ¿Qué crees que eso signifique?**
>
> **Juan nos dice que, "La Palabra estaba con Dios, y La Palabra era Dios". (Juan 1:1) Explica cómo es cierto esto.**

Juan luego detalla la obra de la Palabra.

- Todas las cosas fueron hechas a través de él
- La vida estaba en él, y esa vida era la luz de la humanidad
- Esa luz brilla en la oscuridad
- La oscuridad no ha entendido esa luz

Cuando Jesús nació en la carne, habían pasado más de 400 años desde que Israel había oído de Dios a través de un profeta (Hageo, Zacarías y Malaquías). Los judíos habían languidecido bajo el gobierno y a veces bajo la opresión de los reinos gentiles. Habían sido subyugados por los babilonios, los medo-persas, los griegos y, cuando Jesús nació, estaban bajo el dominio de hierro de los romanos. Israel anhelaba para que el mesías profetizado viniera, los liberara y restableciera el Reino de Israel, restaurando los "días de gloria" del rey David y del rey Salomón.

En esta primera sección del evangelio de Juan, él habla de un mundo de oscuridad sobre el cual "la Luz" ha venido. Esto lleva una llamativa semejanza con la profecía mesiánica que se encuentra en Isaías 9:2 "La gente que camina en la oscuridad ha visto una gran luz". Verdaderamente Jesús vino a toda la humanidad. Sin embargo, Juan nos revela un Cristo que viene al corazón individual de cada creyente. De hecho, Juan da testimonio del poder de Jesús para TRANSFORMAR al individuo cuando él declara: "Mas a cuantos lo recibieron, a los que creen en su nombre, les dio el derecho de ser (transformarse en) hijos de Dios".

[Juan 1:3-12]

> ¿Qué crees que quiere decir Juan cuando se refiere a "la oscuridad" sobre la cual brilla "la Luz"?

Juan termina su introducción de su evangelio con: "Y el Verbo se hizo hombre y habitó entre nosotros. Y hemos contemplado su gloria, la gloria que corresponde al Hijo unigénito del Padre, lleno de gracia y de verdad".

[Juan 1:14]

PARA MAYOR DISCUSIÓN O REFLEXIÓN PERSONAL:

[JUAN 1:1]

El libro de Génesis, como el libro de Juan comienza con las palabras: "En el principio...". ¿En qué son estas dos introducciones similares? ¿En qué se diferencian?

[JUAN 1:1-18]

Juan abre su evangelio con su percepción de Dios en Jesús como la Palabra, la Luz y la Vida. ¿Cuál es tu percepción de Dios? ¿Con qué lo comparas?

[JUAN 1:12-14]

¿Qué significa llegar a ser un hijo de Dios? ¿Cómo puede lograrse esto.

SESIÓN 2

¿QUIÉN ES JUAN EL BAUTISTA?

Juan 1:19-51

A medida que nos alejamos de la introducción de Juan, ahora aprenderemos sobre el que fue elegido para preparar el camino para Jesús y veremos el comienzo del proceso que Jesús emplea de reunir a los 12 hombres que serían sus constantes compañeros por más de tres años.

Después de establecer a Jesús como el Verbo encarnado de Dios, Juan pasa al comienzo del ministerio terrenal de Cristo. Él sienta las bases para ello mencionando una vez más el cumplimiento de la profecía.

Isaías habló del que vendría y sería *"Una voz [que] proclama: 'Preparen en el desierto un camino para el Señor'"* (Isaías 40:3). Este iba a ser el papel que Juan el Bautista cumpliría y esta sería la misión que él confesaría cuando fuera confrontado por los fariseos que eran los líderes religiosos prominentes de la nación de Israel. El Bautista admitió fácilmente que él no era el Mesías que debía redimir a Israel, sino que él simplemente prepararía el camino para el Mesías, predicando una doctrina del arrepentimiento. Los líderes religiosos, llamados fariseos, tuvieron problemas incluso con este mensaje, pero no intentaron dañar a Juan porque sabían que la gente lo consideraba un profeta.

Juan el Bautista es un personaje interesante de estudiar. Sabía que no iba a convertirse en la "atracción principal" pero se contentaba con cumplir el papel que Dios le había establecido. Las palabras más importantes del Bautista se referían al Mesías, cuyo camino él preparó. Por ejemplo, cuando dijo: "*¡Aquí tienen al Cordero de Dios, que quita el pecado del mundo!*", estaba cumpliendo su papel de precursor al dirigir la atención lejos de sí mismo y hacia Jesús.

[Juan 1:18–28]

> **¿Qué quiso decir el profeta Isaías cuando habló de Juan diciendo que él "prepararía el camino para el Señor"?**
>
> **¿Crees que lo habrías pasado mal cumpliendo el papel de Juan el Bautista, sabiendo que Jesús estaría recibiendo toda la gloria a pesar de que Juan había preparado el camino?**

Al día siguiente, Juan bautizaría al Hijo de Dios y más tarde daría su testimonio dramático, refiriéndose al momento en que bautizó a Jesús, diciendo: "Vi al Espíritu descender del cielo como una paloma y permanecer sobre él. Yo mismo no lo conocía, pero el que me envió a bautizar con agua me dijo: *"Aquel sobre quien veas que el Espíritu desciende y permanece es el que bautiza con el Espíritu Santo". Yo lo he visto y por eso testifico 'que este es el Hijo de Dios."'* Fue después de esto que Jesús iría al desierto para prepararse para la venida plena de su ministerio terrenal.

En el tercer capítulo del evangelio de Juan, Jesús citó al Bautista como diciendo: "*Él (el Mesías) le toca crecer; y a mí menguar*" (Juan 3:30). Juan es un ejemplo perfecto de cómo todos tienen un papel que desempeñar en el gran plan de Dios y es en el cumplimiento de este papel que encontramos la mayor satisfacción de la vida.

[Juan 1:29–34]

> **Juan el Bautista conocía su papel y su misión en el gran plan de Dios. ¿Conoces tu papel en el gran plan de Dios? Y si no, ¿cómo averiguas cuál será tu rol?**

Juan el Bautista tuvo muchos discípulos que lo siguieron escuchando sus enseñanzas. Fue uno de estos discípulos, llamado Andrés, quien escucharía a este Juan proclamar que Jesús era el *"Cordero de Dios"*. En respuesta, Andrés escogió seguir a Jesús. Él Fue a buscar a su hermano Simón y le dijo: *"Hemos encontrado al Mesías (es decir, el Cristo)"*. Simón se convertiría entonces en un discípulo de Cristo y Jesús le daría a Simón el nombre de Cefas, que significa Pedro (la palabra griega para roca).

Al día siguiente, Jesús invitó a un hombre llamado Felipe a seguirlo. Felipe encontró a Natanael y le dijo: *"Hemos encontrado a Jesús de Nazaret, el hijo de José, aquel de quien escribió Moisés en la ley, y de quien escribieron los profetas"*. Natanael respondió preguntando si algo bueno podría provenir de Nazaret. Felipe respondió crípticamente: *"Ve a ver"*.

Cuando conoció a Natanael, Jesús dijo algunas cosas que sugirió que ya conocía al hombre. La respuesta de Natanael fue un cambio notable de su escepticismo anterior. *"Rabí, ¡tú eres el Hijo de Dios! ¡Tú eres el Rey de Israel!"*

Jesús entonces le dijo: *"¿Lo crees porque te dije que te vi cuando estabas debajo de la higuera? ¡Vas a ver aun cosas más grandes que estas! …Verán abrirse el cielo, y a los ángeles de Dios subir y bajar sobre el Hijo del hombre".*

[Juan 1:35–51]

> **Natanael creyó en Jesús como el Cristo en gran medida debido a una revelación milagrosa que Cristo compartió con él. ¿Crees que tales revelaciones todavía ocurren hoy? ¿Por qué sí o por qué no?**

El evangelio de Juan no registra el llamado de los doce de sus discípulos. Juan ni siquiera menciona su propio llamado. En este pasaje, sólo Andrés, Felipe, Pedro y Natanael se mencionan específicamente. Sin embargo, a medida que avanzamos a través de los siguientes capítulos encontramos que Jesús había llamado a los doce y que habían emprendido la misión de Jesús, de redimir a la humanidad del pecado.

PARA MAYOR DISCUSIÓN O REFLEXIÓN PERSONAL:

[JUAN 1:29-34]

¿Qué gran revelación recibió Juan el Bautista de Dios?

Cuando Juan el Bautista vio a Jesús acercándose al río, lo llamó "el Cordero de Dios". ¿Qué significó esto?

[JUAN 1:35-50]

¿Quién fue el primer discípulo que Jesús llamó y cómo hizo su llamado crear un efecto dominó? ¿Cómo se convierte esto en un patrón para nosotros para seguir compartiendo a Cristo con los demás?

¿Por qué Jesús necesitaba un equipo de discípulos?

SESIÓN 3

¿QUÉ HIZO Y DIJO JESÚS?
Juan 2:1-3:36

Los capítulos 2 y 3 nos ofrecen una mayor comprensión de la obra del Espíritu Santo y del Padre en la vida de Jesús que en cualquiera de los evangelios. El Espíritu Santo era más que un concepto para Jesús. Cristo estaba en tal armonía de propósito y coherencia en contacto con el Padre y el Espíritu Santo que retrató claramente su afirmación posterior en Juan 14 de que "el Padre y yo somos Uno". Es ahora a través de su relación con el Padre y el poder del Espíritu Santo que Jesús realiza el primero de sus muchos milagros. Y es a través de la misma singularidad de propósito y persona que se nos presenta la oportunidad de experimentar lo mejor de todas las experiencias, la de nacer espiritualmente de nuevo.

En este Evangelio, nuestros primeros puntos de vista de Jesús son dramáticos. La primera de sus señales milagrosas públicas fue cambiar el agua en vino en una boda en Caná de Galilea. Los banquetes de bodas en los días de Jesús duraban siete días con gente yendo y viniendo o como sus horarios se los permitía y se sabía que el vino fluía libremente. En esta boda sucedió algo vergonzoso: el suministro de vino se agotó. Después de que la madre de Jesús lo animó a ofrecer una mano amiga, Jesús transformó el agua en vino en seis tinajas de 113 y medio litros. El encargado del banquete declaró que el vino nuevo era el vino de elección de la fiesta. Juan nos dice que Jesús hizo esto para revelar su gloria como un resultado para que sus discípulos creyeran en él.

Arthur John Gossip habla con elocuencia encantadora sobre lo que esto significaba. Dice que la principal lección de este evento "es la gloria que Cristo trae consigo, una—vida que es una vida abundante, una paz que pasa por el entendimiento, una plenitud de alegría que sólo él puede dar, y que produce un asombro en sus destinatarios como el mayordomo de la fiesta". Eso, añade Gossip: "es la nota característica del Nuevo Testamento. Siempre su gente sigue irrumpiendo en nosotros, sus ojos brillantes, sus corazones en llamas, gritando: *'¡Lo hemos encontrado!'* Lo que el mundo entero ha estado buscando, y ¡funciona!" (1952).

[Juan 2:1–12]

> **Jesús transformó el agua en vino a petición de su madre. ¿Por qué crees que ella se encargó de instar a Jesús al ministerio público y fue este el momento correcto?**
>
> **¿Por qué fue el vino que Jesús creó del agua mejor que el "mejor" vino proporcionado para los huéspedes en el comienzo de la fiesta? ¿Cómo puedes explicar las diferencias en la actualidad?**
>
> **¿De qué manera este evento "reveló la gloria de Cristo"?**

Cuando era casi la hora de la Pascua judía, Jesús y sus discípulos fueron a Jerusalén. Es en este punto del evangelio de Juan que se nos dice que Jesús está echando fuera del templo a los cambistas. Encontraron vendedores en los patios del templo vendiendo animales para ofrendas quemadas e intercambiando dinero por la moneda requerida para pagar el impuesto del templo. La implicación es que los cambistas estaban exigiendo una tarifa injusta de los que cambiaban su moneda. Jesús los expulsó del área del templo, dispersó las monedas de los cambistas y dijo: *"¿Cómo se atreven a convertir la casa de mi Padre en un mercado?"*

Los patios del templo eran los recintos exteriores del templo donde a los gentiles, así como a los judíos, se les permitía entrar. Los animales que se ofrecían para el sacrificio tenían que pasar la inspección para asegurarse de que estaban libres de imperfecciones. Los cambistas cambiaban las monedas romanas que los visitantes del templo traían por los siclos tiranos (relativo a Tirano) que se requerían para el pago anual de impuestos al tesoro del templo. Los líderes judíos desafiaban a Jesús sobre su autoridad para dar estos pasos, exigiendo que Jesús realizara un milagro para validar sus afirmaciones de autoridad.

Jesús les respondió: *"Destruyan este templo, y lo levantaré de nuevo en tres días"*.

Sus rivales señalaron que se necesitaban 46 años para construir el templo. Juan nos recuerda que el templo al que Jesús se refería era su propio cuerpo y no el edificio del templo y que Jesús estaba prediciendo su propia resurrección de entre los muertos tres días después de su crucifixión.

Juan registra este evento como si estuviera sucediendo al comienzo del ministerio de Jesús, mientras que los otros evangelios lo registran mucho más tarde. La mayoría de los estudiosos de la

Biblia creen que la aparente discrepancia era fácilmente explicable por el hecho de que Jesús asistió a más de una Pascua en Jerusalén y que eventos similares ocurrieron en dos ocasiones distintas. Esta visita se produjo al principio del ministerio de Jesús mientras que la otra visita, a la que se hace referencia en los otros evangelios, tuvo lugar sólo días antes de la crucifixión de Cristo.

Muchos quedaron impresionados con estas señales y creyeron en su nombre. *"Pero Jesús no se confiaba en ellos, porque conocía a todas las personas. No necesitaba ningún testimonio sobre la humanidad, porque él sabía lo que había en cada persona"*.

[Juan 2:13–25]

> ¿Qué ejemplos en la actualidad de la comercialización de la religión o las instituciones religiosas puedes pensar que pudieran compararse con la presencia de vendedores en el templo en los días de Jesús?
>
> Si fueras reportero de una Agencia de Noticias de Jerusalén y estuvieras presente en la purificación del templo, ¿cómo denunciarías el incidente? ¿Qué titular darías para tu artículo?

Joshua Hammer captura la historia del Monte del Templo. "La tradición judía sostiene que es el sitio donde Dios tomó el polvo para crear a Adán y donde Abraham casi sacrificó a su hijo Isaac para probar su fe. El rey Salomón, según la Biblia, construyó el Primer Templo de los judíos en esta cima de la montaña alrededor de 1000 a.C., sólo para ser derribada 400 años después por tropas comandadas por el rey babilonio Nabucodonosor que envió a muchos judíos al exilio. En el primer siglo, a.C., Herodes amplió y renovó un Segundo Templo construido por judíos que habían regresado después de su destierro. Es aquí, según el Evangelio de Juan donde Jesucristo arremetió contra los cambistas (y más tarde fue crucificado a unos cientos de metros de distancia). El general romano Tito se vengó de los rebeldes judíos, saqueando y quemando el Templo en el año 70 d.C".[1]

Juan 3

Nicodemo, un fariseo y miembro del concilio gobernante judío hace una visita secreta a Jesús sin duda para evitar ser visto por sus compañeros. Quizá es parte de la clase dominante que se siente amenazada por la popularidad de Jesús, pero sus primeras palabras revelan un reconocimiento y reverencia por el hombre, Jesús.

"Rabí —le dijo—, sabemos que eres un maestro que ha venido de parte de Dios, porque nadie podría hacer las señales que tú haces si Dios no estuviera con él".

El diálogo entre los dos hombres nos confronta con un asunto desafiante. Escucha atentamente mientras Jesús responde a Nicodemo. Jesús le dijo a Nicodemo que nadie podía ver el Reino de Dios a menos que *"no nazca de nuevo"*.

La palabra griega utilizada aquí puede significar "otra vez" o "desde arriba". Nicodemo tomó el significado de ser "otra vez" y preguntó *"¿Cómo puede uno nacer siendo ya viejo?"* Estaba *interpretando el significado de Jesús como si fuera físico como "entrar de nuevo en el vientre de la madre"*. En otras palabras, Nicodemo no estaba viendo las cosas a través de los ojos espirituales, sino sólo a través de los ojos naturales.

---

1 Un premio territorial ocupado o conquistado por una larga sucesión de pueblos incluyendo jebuseos, israelitas, babilonios, griegos, persas, romanos, bizantinos, primeros musulmanes, cruzados, mamelucos, otomanos y británicos... el Monte del Templo ha visto eventos históricos más trascendentales que quizás cualquier otro monte de 35 acres en el mundo". (Hammer, 2001).

Jesús aclaró con estas palabras: *"Lo que nace del cuerpo es cuerpo; lo que nace del Espíritu es espíritu"*.

Las Escrituras posteriores declararían claramente que este nuevo nacimiento viene sólo creyendo en Jesús como el Salvador enviado por Dios y por aceptar a Jesús como Señor y Salvador, de ahí el significado "de arriba" a la que Cristo se refirió.

Jesús agregó esto. *"Así también tiene que ser levantado el Hijo del hombre, para que todo el que crea en él tenga vida eterna"*.

[Juan 3:1–15]

> **Si pudieras hacerle algunas preguntas a Jesús sobre lo que significa nacer de nuevo, ¿qué le preguntarías?**
>
> **¿Qué significa para ti nacer de nuevo?**

Las palabras que siguen en esta plática entre Jesús y Nicodemo son, quizás, las palabras más citadas de la Biblia.

Jesús explicó: *"Porque tanto amó Dios al mundo que dio a su Hijo unigénito, para que todo el que cree en él no se pierda, sino que tenga vida eterna. Dios no envió a su Hijo al mundo para condenar al mundo, sino para salvarlo por medio de él"*.

Sin embargo, había un problema. Jesús continuó diciendo: *"La luz vino al mundo, pero la humanidad prefirió las tinieblas a la luz, porque sus hechos eran perversos. Pues todo el que hace lo malo aborrece la luz, y no se acerca a ella por temor a que sus obras queden al descubierto"*.

[Juan 3:16–21]

> ¿Qué significa el pasaje que comienza con las palabras "Dios amó tanto al mundo"?
>
> ¿Cuál es el significado de la declaración "los hombres amaron más la oscuridad que la luz"? ¿Ves alguna evidencia de esto en nuestro propio tiempo?
>
> ¿De qué se trata el vivir en la luz que lo convierte en un vale la pena el objetivo?

En esta batalla entre la luz y la oscuridad se encuentra el destino del alma de cada persona. Jesús se acerca a nosotros a través de la oscuridad, trayendo luz con él. Es en este punto que cada persona debe tomar la decisión de creer y ser "nacido de arriba" o permanecer en pecado y oscuridad y finalmente ser eternamente separado de Dios.

PARA MAYOR DISCUSIÓN O REFLEXIÓN PERSONAL:

[JUAN 2:13-25]

¿Por qué Jesús quitó por la fuerza a los cambistas y vendedores de animales para el sacrificio del patio del templo?

Si fueras un consultor de relaciones públicas de Jesús, ¿le hubieras aconsejado que hiciera esta purificación tan pronto en su ministerio? ¿Por qué sí o por qué no?

[JUAN 3:16]

¿Por qué Juan 3:16 se ha convertido en una escritura tan conocida?

SESIÓN 4

¿POR QUÉ JESÚS SE REUNÍA CON LOS MARGINADOS DE LA SOCIEDAD?

Juan 4:1-5:47

Aquí hay una frase interesante en el capítulo 4 que dice: "Él (Jesús) tuvo que pasar por Samaria...". Técnicamente esto no era cierto. Los judíos evitaban pasar por Samaria, una región en la parte central de la nación que era principalmente ocupada por un pueblo despreciado que no se consideraba de sangre judía por completo. Los viajeros judíos hacían todo lo posible para evitar Samaria, incluso cruzando el río Jordán y gastando parte de su viaje en una tierra extranjera.

Sin embargo, Jesús "tuvo que pasar por Samaria" porque una cierta mujer samaritana tenía una cita con el destino. Aunque ella no estaba al tanto de la reunión, Jesús sabía de su encuentro en el pozo que cambiaría su vida y la de la gente de todo su pueblo.

Al pasar por Samaria en su camino de Judea a Galilea, Jesús pausó para descansar por un pozo llamado "pozo de Jacob". Mientras que sus discípulos habían ido a la ciudad a comprar comida, una mujer samaritana vino a sacar agua del pozo y fue arrastrada a una conversación profunda con Jesús. Jesús comenzó la conversación pidiéndole un trago de agua. Cuando Jesús habló a la mujer samaritana, ella se sorprendió porque ella era muy consciente de que los judíos no se asociaban con los samaritanos.

[Juan 4:1-9]

> Había una considerable animosidad racial y étnica entre los judíos y los samaritanos. ¿Puedes identificar a cualquier persona hoy en día que sea vista como los samaritanos eran en el tiempo de Jesús?

Esta conversación privada también violó ciertas costumbres de esa época ya que se consideraba impropio para un hombre y mujer desconocidos conversar de tal manera, especialmente con nadie más presente. Cuando la mujer expresó su sorpresa, Jesús respondió diciéndole que, si conociera al que con ella hablaba, le habría pedido y le daría agua viva. Agregó que el agua que él ofrecía eliminaría la sed y brotaría para vida eterna. Ella estaba interesada en esa agua milagrosa que él había ofrecido y dijo que de hecho le gustaría recibir esa agua. Siguió una plática instructiva.

Cuando Jesús le dijo que fuera a buscar a su esposo y que regresara, ella habló con franqueza y honestidad diciéndole que ella no tenía marido. Jesús respondió que ella tenía razón, ella anteriormente había tenido cinco maridos y el hombre con el que estaba actualmente viviendo no era su marido.

[Juan 4:10–17]

> ¿Por qué el pasado de esta mujer no tuvo un impacto en la determinación de Jesús de guiarla a la salvación?

A pesar de su pasado y la enemistad entre judíos y samaritanos, Jesús no permitiría que esas razones excluyeran a la mujer y su aldea del don de la salvación. Esta declaración poderosa todavía se aplica a nosotros hoy.

Él dijo: *"Se acerca la hora, y ha llegado ya, en que los verdaderos adoradores rendirán culto al Padre en espíritu y en verdad, porque así quiere el Padre que sean los que le adoren. Dios es espíritu, y quienes lo adoran deben hacerlo en espíritu y en verdad"*.

La mujer respondió: *"Sé que viene el Mesías, al que llaman el Cristo. Cuando él venga nos explicará todas las cosas"*.

Entonces Jesús declaró: *"Ese soy yo, el que habla contigo"*.

Fue en este punto que los discípulos regresaron. La mujer dejó sus tinajas de agua, regresó a su pueblo y les contó a los de su pueblo: *"Vengan a ver a un hombre que me ha dicho todo lo que he hecho. ¿No será este el Cristo?"*

Aquellos con los que habló se dirigieron a ver a Jesús y creyeron en él por el testimonio de esta mujer. Le pidieron a Jesús que se quedara y se quedó allí durante dos días. Mientras él estuvo allí, muchos más aldeanos se convirtieron en creyentes. Le dijeron a la mujer que ya no creían sólo por lo que dijo, sino por lo que ellos mismos habían escuchado. *"Sabemos que verdaderamente este es el Salvador del mundo"*.

[Juan 4:17–42]

La Biblia nos dice que la gente de la aldea de la mujer declaró que ya no creían sólo por lo que ella había dicho sino que creían porque habían escuchado a Jesús por sí mismos. ¿Por qué la interacción personal de Jesús tuvo tal efecto en los aldeanos?

¿Qué crees que estaba pasando por la mente de los discípulos mientras Jesús traía el evangelio a los samaritanos?

Esta sorprendente plática entre Jesús y la mujer samaritana está relacionada a la forma habitual y algo dramática de Juan. Al mismo tiempo, no parece ser más significativa que cualquiera de los otros relatos que nos dio Juan. Sin embargo, contiene revelaciones con respecto a Dios y su deseo de relacionarse con la humanidad que han hecho este cuarto capítulo de Juan una lectura obligatoria para todo cristiano.

- Demuestra que Jesús no reconoce lo étnico, barreras raciales y sociales establecidas por el hombre. El hecho de que la mujer era samaritana y que él estuviera interactuando con ella en un entorno que estaba mal visto por la sociedad de su época no le importaba a Jesús. Dos cosas importaban: ella era un alma necesitada de salvación y él era ese Salvador.
- Nos revela que Jesús sabe todo acerca de nosotros. Jesús sabía que la mujer tenía lo que era, y sigue siendo, considerado un pasado accidentado y, sin embargo, la involucró en una conversación que la condujo a su salvación.
- Revela la verdadera naturaleza de Dios. Dios es espíritu en esencia. Él no es "un" espíritu, Él es puramente Espíritu. No tiene forma corporal tal como la conocemos. Hay momentos en la Biblia en que vemos a Dios representado como teniendo un cuerpo, pero estos son sólo en momentos en que Dios elige revelarse de tal manera con el fin de transmitir un mensaje o relacionarse con la persona con quien está interactuando.
- Nos muestra la verdadera naturaleza de la adoración. Jesús dijo: "Dios es espíritu, y quienes lo adoran deben hacerlo en espíritu y en verdad".

[Juan 4:1–54]

> ¿Qué quiso decir Jesús cuando dijo que los que adoran a Dios "deben adorar en espíritu y en verdad"?
>
> ¿Cómo podemos participar en esta conexión espiritual con Dios?
>
> ¿Cómo hace nuestra postura física, posición religiosa, posición social, ubicación geográfica u otros distintivos que influencie nuestra adoración a Dios?

Juan 5

Jesús regresó a Jerusalén para una fiesta judía. Una piscina cerca de la Puerta de las Ovejas se pensaba que tenía cualidades curativas. De vez en cuando, las aguas se "agitaban" y muchos creían que cuando se revolvía el agua de la piscina, los que eran capaces de entrar en la piscina se curarían de su enfermedad. Algunos incluso creían que era un ángel quien venía y provocaba que el agua se moviera. Independientemente de la fuente del movimiento del agua, muchos de los que estaban ciegos, cojos o paralizados se reunían junto a la piscina con la esperanza de que pudieran entrar al agua cuando se agitaba para que pudieran ser sanados.

Uno de ellos era un hombre que había estado inválido durante 38 años. Jesús lo vio y le preguntó: *"¿Quieres quedar sano?"* El hombre respondió que no había podido entrar en la piscina en el momento adecuado. La respuesta de Jesús fue bastante directa.

"Levántate, recoge tu camilla y anda".

El hombre tomó su camilla y caminó, pero nuevamente hubo un problema. Este evento ocurrió en el día de reposo, y los líderes judíos le dijeron al hombre que la Ley le prohibía llevar su camilla en el Sabbat. Cuando el hombre les dijo lo que había sucedido, le preguntaron al hombre por quién había sido curado. El hombre no tenía idea de quién era porque Jesús se había escabullido entre la multitud.

Más tarde, Jesús lo encontró en el templo y le habló y le dijo que dejara de pecar o algo peor podría sucederle. El hombre entonces les dijo a los líderes judíos que Jesús era el que le había hecho el bien.

[Juan 5:1–15]

> **¿Por qué crees que Jesús hacía milagros secretamente y rápidamente se escapaba, escondiéndose él mismo entre la multitud después de la actuación de un milagro?**

Debido a que Jesús hizo esto en el día de reposo, "los líderes judíos comenzaron a perseguirlo". Esto conllevó a lo que sería uno de los varios momentos decisivos en el ministerio terrenal de Jesús. Jesús se refirió a "su Padre" quien siempre estaba trabajando como él, Jesús, el Hijo. Los líderes judíos lo acusaron entonces de no sólo quebrantar el Sabbat, sino de "llamar a Dios su propio Padre, haciéndose igual a Dios". La frase "igual a Dios" transmitía independencia de Dios. Jesús reconoció más que una afinidad con Dios; reclamó identidad con Dios.

Jesús respondió que les mostraría aún más cosas. Por ejemplo, dijo, el Padre había confiado al Hijo con todo juicio.

Jesús agregó: *"El que oye mi palabra y cree al que me envió tiene vida eterna y no será juzgado, sino que ha pasado de la muerte a la vida".*

Incluso los muertos escucharán la voz del Hijo de Dios y aquellos que escuchen vivirán. *"Viene la hora en que todos los que están en los sepulcros oirán su voz, y saldrán de allí. Los que han hecho el bien resucitarán para tener vida, pero los que han practicado el mal resucitarán para ser juzgados".*

[Juan 5:16–47]

> **Esta es una de las varias veces en que el conflicto de Jesús con los líderes judíos surgió de la realización de milagros en el día de reposo. ¿Qué nos dice esto acerca de la actitud de Jesús con respecto a la ley? ¿Qué nos dice sobre la verdadera condición espiritual de los líderes judíos?**
>
> **¿Por qué crees que Jesús no usó su poder para silenciar a sus críticos en lugar de permitirles continuar incluso hasta el momento de su muerte?**

Era obvio que Jesús estaba eligiendo el tiempo y la manera en que revelaría su identidad como el Hijo de Dios. La mayoría de los que recibieron o presenciaron un milagro, los que tenían menos que perder en esta vida, tenían pocas dificultades para creer que Jesús era el Hijo de Dios. Casi todos los que tenían riquezas, poder y la influencia en esta vida rechazaban las declaraciones de Jesús y sólo veían cómo sus corazones volvían más duros contra él.

PARA MAYOR DISCUSIÓN O REFLEXIÓN PERSONAL:

[JUAN 4:1-42]
¿Cuál es el Agua Viva de la que habló Jesús?

[JUAN 5:1-15]
Cuando Jesús habló al hombre junto a la piscina en la Puerta de las Ovejas, pudo ver que el hombre obviamente estaba cojo. ¿Por qué le preguntó al hombre si quería que lo sanara?

[JUAN 5:16-47]
¿Qué piensas acerca de la declaración de Jesús de que "incluso los muertos oirán la voz del Hijo de Dios y los que oigan vivirán"?

¿Te ves viviendo en la vida eterna? Si es así, ¿cómo?

SESIÓN 5

¿POR QUÉ ES DIFÍCIL ENTENDER ALGUNAS DE LAS ENSEÑANZAS DE JESÚS?

Juan 6:1-7:52

Las señales milagrosas que Jesús realizó atrajeron a multitudes hacia él y aunque muchos no entendían la profundidad de sus enseñanzas, Jesús tuvo compasión de ellos. En una ocasión cuando era la hora de comer, Jesús usó 5 panes de cebada de un niño y dos peces pequeños para alimentar a una multitud de 5,000 hombres y sus familias. Cuando la gente vio esto, proclamaron que Jesús era "El Profeta" que vendría, básicamente llamándolo el Mesías. Pero Jesús se retiró solo a una montaña.

Podrían ser varias razones por las que Jesús se retiraba de la gente. Una de las razones más significativas es que no lo iban a buscar a Jesús con motivos apropiados en sus corazones.

En este punto del ministerio de Jesús, él era bastante famoso por los milagros que realizaba. Estos milagros atraían a multitudes dondequiera que iba y a veces atraía multitudes tan grandes que podrían ser difíciles de manejar. En este caso, Juan afirma que "Jesús, dándose cuenta de que querían llevárselo a la fuerza y declararlo rey, se retiró de nuevo a la montaña él solo". Esta no sería la última vez que Jesús se vería obligado a tratar con personas que lo buscaban por razones equivocadas.

[Juan 6:1–15]

> ¿Por qué las multitudes que siguieron a Jesús asumían que, debido a que podía multiplicar los peces y los panes, debía ser rey?
>
> Parece que Jesús a menudo subía a las montañas. ¿Qué crees que hacía durante esos tiempos y por qué?

Esa noche, los discípulos de Jesús partieron en una barca para cruzar el lago con destino a Cafarnaúm. Los discípulos habían encontrado difícil de remar a través del lago debido a una fuerte oposición del viento. Mientras los discípulos trabajaban con su remo, Jesús vino a ellos caminando sobre el agua. Cuando los discípulos vieron a Jesús, estaban aterrorizados porque, como dice otro relato del evangelio, "pensaban que era un fantasma" (Mateo 14). Jesús calmó sus miedos diciéndoles: *"No tengan miedo, que soy yo"*. Jesús subió al bote y se dirigieron al otro lado del lago.

A la mañana siguiente, la multitud descubrió que Jesús se había ido. Les llegó la noticia de que Jesús había ido al otro lado del lago durante la noche. Entonces, la multitud persiguió a Jesús. Cuando la multitud lo alcanzó, le preguntaron cuándo había llegado a Cafarnaúm. Es aquí donde Jesús comenzó a hablar con ellos muy claramente con respecto a sus motivos mientras también les hablaba en términos espirituales con respecto a lo que deberían ser sus motivos apropiados. También es aquí donde muchos no comprendieron los conceptos espirituales de los que habló Jesús y lo dejaron de seguir.

[Juan 6:16–24]

> ¿Por qué crees que es difícil para aquellos que no tienen una relación espiritual con Cristo entender algunas de sus enseñanzas?

Jesús notó que lo estaban buscando debido a la señal milagrosa de la multiplicación de los panes y los peces y porque habían comido hasta saciarse. Jesús continuó diciendo que en su lugar, debían buscar el alimento que no se echa a perder, el alimento que trae vida eterna. Luego preguntaron: *"¿Qué tenemos que hacer para realizar las obras que Dios exige?"*

Su respuesta fue: *"Esta es la obra de Dios: que crean en aquel a quien él envió"*.

La gente pidió entonces otra señal milagrosa a la que Jesús respondió: *"Yo soy el pan de vida. El que a mí viene nunca pasará hambre, y el que en mí cree nunca más volverá a tener sed... Porque la voluntad de mi Padre es que todo el que reconozca al Hijo y crea en él tenga vida eterna, y yo lo resucitaré en el día final"*.

Los judíos apenas podían creer lo que estaban escuchando. *"¿Acaso no es este Jesús, el hijo de José? ¿No conocemos a su padre y a su madre?"* Se preguntaban cómo podía hacer estas afirmaciones. Jesús había tratado de conectarse con ellos a través de su propia historia, pero no podían comprender su enseñanza. Estas conversaciones tuvieron lugar en la sinagoga de Cafarnaúm.

[Juan 6:17–44]

> ¿Cómo debemos entender a Jesús cuando se llama a sí mismo el pan de vida?
>
> ¿Qué quiere decir Jesús cuando dice: "Lo resucitaré en el día final"?

Lo que sigue es un verdadero desafío para entender. Jesús habló de comer la carne del Hijo del hombre y beber su sangre.

Él dice: *"El que come mi carne y bebe mi sangre permanece en mí y yo en él"*.

Era esta enseñanza de que el cuerpo de Cristo era "el pan de vida" junto con su referencia al consumo de su sangre el único camino a la vida eterna que causó que muchos en la multitud dijeran: *"Esta enseñanza es muy difícil; ¿quién puede aceptarla?"*

Hay algunas cosas muy repugnantes para un judío como el sólo hecho de pensar en comer carne humana o beber cualquier tipo de sangre. Ya que sus corazones no estaban preparados para entender que Jesús estaba hablando de conceptos espirituales y no físicos, entendieron completamente mal lo que Jesús estaba diciendo y dejaron de seguirlo. En el relato del evangelio de Mateo, Jesús dijo: *"El que tiene oídos, oiga"* (Mateo 11:18). Esta amonestación es la clave para entender lo que Jesús está diciendo acerca de su carne y sangre, así como otros pasajes de las escrituras que a veces nos desconciertan.

La suposición aquí no era que muchos en las multitudes no tuvieran oídos, más bien Jesús se refería a aquellos que eran capaces de "oír" o "entender" la naturaleza espiritual de lo que estaba diciendo. Jesús dijo: "Las palabras que les he hablado son espíritu y son vida. Sin embargo, hay algunos de ustedes que no creen".

[Juan 6:45–64]

> ¿Qué quiere Jesús que escuchemos y entendamos?

Habrá momentos durante nuestra vida cristiana en los que no entenderemos lo que Dios está diciendo en su palabra o haciendo en nuestras vidas. Es en esos momentos en que debemos orar por fe, paciencia y entendimiento y negarse a dejar de seguir a Dios simplemente porque no podemos interpretar todo lo que dice en su Palabra o entender todo lo que está sucediendo en nuestras vidas.

Como cuando Jesús desafió a los Doce: *"¿También ustedes quieren marcharse?"*

Pedro respondió: *"Señor, ¿a quién iremos? Tú tienes palabras de vida eterna. Y nosotros hemos creído, y sabemos que tú eres el Santo de Dios".*

Ante esto, Jesús anunció que uno de los Doce lo traicionaría. Se refería a Judas, el hijo de Simón Iscariote.

[Juan 6:65–71]

> ¿Alguna vez has estado desconcertado con las enseñanzas de Jesús? ¿Qué te aportó una aclaración?

Juan 7

Jesús se quedó en Galilea porque los líderes judíos en Judea estaban tratando de atraparlo. Sus hermanos lo instaron a hacer públicas sus afirmaciones durante la Fiesta de los Tabernáculos en Judea, a lo que Jesús respondió que aparecería cuando fuera el momento adecuado. Juan nos dice, sin embargo, que incluso sus hermanos no creyeron realmente en él. Después de que sus hermanos se fueron a la Fiesta, Jesús fue también, pero en secreto. Jerusalén estaba llena de rumores sobre Jesús. Muchos decían que era un buen hombre, pero tenían miedo de expresar sus puntos de vista en público porque temían a los judíos dirigentes. Otros que creían que Jesús engañaba a la gente no necesitaban ser tan discretos en expresar sus opiniones.

> ¿Por qué crees que los hermanos de Jesús no creyeron que él era el Mesías?

A mitad de la Fiesta, Jesús fue a los patios del Templo y comenzó a enseñar. Los judíos se sorprendían de su aprendizaje porque no había tenido el beneficio de la educación formal. En sus conversaciones, Jesús comentó que Moisés le dio a su pueblo la Ley, pero nadie guardaba esa Ley, que ellos guardaban el Sabbat de acuerdo con la Ley, pero pensaban que era inapropiado que Jesús sanara en el Sabbat.

"No juzguen por las apariencias; juzguen con justicia", dijo Jesús.

Hubo charlas en la multitud sobre de dónde era Jesús, ya que se pensaba que Cristo vendría de Belén. A pesar de todo esto, muchos creyeron en Jesús. Los principales sacerdotes y los fariseos enviaron guardias del templo para arrestar a Jesús.

[Juan 7:1–29]

> **Puesto que Jesús no tenía educación formal, ¿cómo era que poseía una comprensión tan grande de las Escrituras?**
>
> **¿Qué crees que quiso decir Jesús con: "No juzguen por las apariencias; juzguen con justicia"? ¿Es esto algo que se aplica a nosotros hoy?**

En el último día de la fiesta, Jesús se puso de pie y proclamó: *"De aquel que cree en mí, como dice la Escritura, brotarán ríos de agua viva"*.

Aquí está hablando del Espíritu Santo que vendrá después de Jesús y morará en los que crean en él. Por último, los guardias del templo regresaron a los principales sacerdotes y fariseos, quienes les preguntaron: *"¿Se puede saber por qué no lo han traído?"* Los guardias respondieron: *"Nunca nadie ha hablado como ese hombre"*.

Nicodemo, un gobernante de la sinagoga con quien Jesús había hablado antes sobre nacer de nuevo, preguntó: *"¿Acaso nuestra ley condena a un hombre sin antes escucharlo y averiguar lo que hace?"* Su respuesta eludió la pregunta. *"Investiga"*, respondieron, *"y verás que de Galilea no ha salido ningún profeta"*.

[Juan 7:30–52]

> **¿Por qué los fariseos ignoran a los dos guardias del templo que fueron enviados a arrestar a Jesús y a uno de los suyos quien plantea un punto de la Ley?**

PARA MAYOR DISCUSIÓN O REFLEXIÓN PERSONAL:

[JUAN 6:1-15]
¿Cuál es tu comprensión de la alimentación de los 5,000?

[JUAN 7:36-38]
Se nos dice que las "corrientes de agua viva" que fluirían dentro de aquellos que creerían en Jesús sería el Espíritu que recibirían aquellos que creyeran en él más tarde. ¿Cómo asocias esto con la metáfora de las "corrientes de agua viva"?

[JUAN 6, 7]
Si pudieras hacerle preguntas adicionales a Jesús en este punto, ¿cuáles serían?

SESIÓN 6

¿QUÉ SIGNIFICA SER UN ESCLAVO DEL PECADO?

Juan 8

La mayoría de los pecadores dirían a los cristianos que nosotros somos los que estamos en esclavitud. Los pecadores creen que los creyentes están restringidos por lo que ellos ven como las reglas y regulaciones de nuestra fe. Este malentendido de la libertad que se produce al poner nuestra fe en Cristo como nuestro salvador demuestra los efectos cegadores del pecado. Aquellos que se involucran en una vida de pecado son esclavos de las cosas que creen disfrutar. Esta sutil mentira de Satanás hará que muchos rechacen a Cristo, la única fuente de la verdadera libertad.

Estaba amaneciendo en los patios del templo y las multitudes se habían reunido alrededor de Jesús. Como él enseñaba, los maestros de la Ley y los fariseos le trajeron a una mujer sorprendida en adulterio. Ellos pusieron a la mujer delante de la multitud y le recordaron a Jesús que la Ley de Moisés requería que tales mujeres fueran apedreadas. (De acuerdo a la ley del Antiguo Testamento, sólo las vírgenes comprometidas estaban sujetas a este castigo). *"¿Tú qué dices?"*, le preguntaron los acusadores a Jesús.

Estaban tendiendo una trampa para justificar un caso legal en su contra. Si él decía que la mujer debía ser perdonada, él iba a ser acusado de no acatar la ley y condonar la inmoralidad.

Si decía que ella debía ser apedreada él sería acusado de no tener compasión. Y, si argumentaba por la mujer porque ella técnicamente no había cometido un pecado digno de lapidación, él sería acusado de condonar la inmoralidad y permitir a la mujer un pase libre en un tecnicismo.

Una persona que brilla por su ausencia en esta escena es el hombre con quien la mujer estaba cometiendo adulterio. Según la ley del Antiguo Testamento, muchas formas de adulterio requerirían que ambas partes fueran apedreadas en lugar de apedrear sólo a la mujer.

La reacción de Cristo a su trampa obvia fue interesante. Como ellos continuaron interrogándolo, Jesús se agachó y escribió sobre el suelo con el dedo. Luego se puso de pie y dijo: *"Aquel de ustedes que esté libre de pecado, que tire la primera piedra."*

Jesús entonces se agachó y de nuevo comenzó a escribir en el suelo con el dedo. Los acusadores comenzaron a alejarse, comenzando con el mayor y terminando con el más joven, hasta que Jesús se quedó solo con la mujer. *"¿Ya nadie te condena?"*, preguntó.

"Nadie, señor", dijo.

"Tampoco yo te condeno", declaró Jesús. *"Ahora vete, y no vuelvas a pecar"*.

[Juan 8:1–11]

> **¿Juzgar a los demás es apropiado sólo para aquellos que no han pecado? ¿Por qué sí o por qué no?**
>
> **¿Era válida la acusación contra la mujer? ¿Por qué sí o por qué no?**

Jesús continuó el combate verbal con los fariseos sobre lo que constituía un testimonio válido y sobre su relación con Dios el Padre. Enfureció a los fariseos cuando proclamó: *"Yo soy la luz del mundo. El que me sigue no andará en tinieblas, sino que tendrá la luz de la vida"*. Ellos querían saber quién, además de él, podía validar esa afirmación.

Jesús no se anduvo con rodeos cuando respondió: *"Cuando hayan levantado al Hijo del hombre, sabrán ustedes que yo soy, y que no hago nada por mi propia cuenta, sino que hablo conforme a lo que el Padre me ha enseñado. El que me envió está conmigo; no me ha dejado solo, porque siempre hago lo que le agrada"*. Juan nos informa que al mismo tiempo que Jesús hablaba muchos ponían su fe en él.

Es interesante observar que, durante esta conversación, de aquellos que creyeron en Jesús no se menciona a ninguno de los fariseos, saduceos, sacerdotes o maestros entre los creyentes. Tan a menudo, esos que se creen sabios se encuentran entre los más ignorantes de todas las personas. Aquellos que fueron lo suficientemente humildes como para saber que necesitaban al Mesías, pusieron su fe en Jesús con alegría. El orgullo, de hecho, procede a la caída de una persona.

[Juan 8:12–30]

¿Qué quiso decir Jesús cuando dijo: "cuando hayan levantado al Hijo del Hombre"?

No hay evidencia de que la mayoría de los acusadores de Jesús llegara a conocerlo como el que decía ser. ¿Cómo explicas su predicción de que ellos harían esto?

Jesús continuó enseñando diciendo esto a los judíos que creyeron en él: *"Si se mantienen fieles a mis enseñanzas, serán realmente mis discípulos; y conocerán la verdad, y la verdad los hará libres"*.

Ellos respondieron diciendo que, como descendientes de Abraham, nunca habían sido esclavos de nadie. Aparentemente, habían olvidado más de 430 años de esclavitud en Egipto, las muchas veces que fueron esclavizados por varias tribus cananeas en la época de los Jueces, y del cautiverio babilónico. También estaban ignorando la progresión constante de los reinos gentiles que habían mantenido a Israel bajo sus talones culminando en el ejército romano que había ocupado la tierra en los días de Jesús y quienes finalmente iban a destruir Jerusalén, arrasándola hasta el suelo. Su negación solamente enfatiza la verdad de las próximas palabras de Jesús, palabras que cada cristiano debe recordar y todo pecador debe escuchar.

"Todo el que peca es esclavo del pecado". En esta declaración, él nos muestra la humillación y la degradación progresiva provocada por una vida de pecado.

[Juan 8:31–36]

> **¿Qué quiso decir Jesús cuando dijo que la verdad nos haría libres? (Juan 8:32)**
>
> **¿Qué quiso decir Jesús cuando dijo: "Si alguno guarda mi palabra, nunca verá la muerte?" (Juan 8:51)**

Mientras Jesús continuaba, hizo las siguientes declaraciones acerca de Sí mismo:

> *"Si Dios fuera su Padre, ustedes me amarían, porque yo he venido de Dios"*.

- *"Y sin embargo a mí, que les digo la verdad, no me creen… Si digo la verdad, ¿por qué no me creen?"*
- *"¿Quién de ustedes me puede probar que soy culpable de pecado?"*
- *"El que es de Dios escucha lo que Dios dice".*
- *"Pero ustedes no escuchan, porque no son de Dios".*
- *"No estoy poseído por ningún demonio, [como los líderes judíos suponían] tan sólo honro a mi Padre; pero ustedes me deshonran a mí".*
- *"Quien cumpla mi palabra nunca morirá".*

[Juan 8:37–51]

> **¿Qué palabras de Jesús se deben obedecer para disfrutar de la vida eterna?**

Juan 9

Mientras Jesús y sus discípulos continuaban por la ciudad, ellos se encontraron con un hombre que había nacido ciego. Los discípulos le preguntaron a Jesús si la ceguera era por los pecados del hombre o por los pecados de sus padres. Durante ese tiempo, a la mayoría de los judíos se les había enseñado que el estado en la vida de una persona se debía al pecado, ya sea por los pecados cometidos por los padres de la persona afectada o por la misma persona. Esta falsa enseñanza fue transmitida a lo largo de los siglos por los rabinos y maestros de la ley a través de una interpretación distorsionada de las escrituras de Moisés. Se aplicaba no sólo a las enfermedades físicas de una persona, sino incluso a su posición financiera y social en la cultura judía. Si una persona era sana, rica o muy respetada por sus compañeros se suponía que era agradable a Dios.

Jesús respondió a sus discípulos diciendo que la ceguera del hombre no era por sus pecados ni de los de sus padres, sino que estaba ahí para que la obra de Dios se mostrara en esta vida. Jesús sanó la ceguera del hombre de una manera muy inusual. Escupió en un poco de arcilla en el suelo y lo mezcló en una especie de pasta. Luego aplicó la pasta pegajosa en los ojos del hombre y le dijo que fuera a lavarse la cara en la piscina de Siloé.

[Juan 9:1-6]

> **¿Por qué la gente a menudo atribuye las circunstancias duras de las personas al pecado?**
>
> **¿Qué nos dice acerca de Dios la respuesta de Jesús a sus discípulos acerca de la responsabilidad por el pecado?**

Las Escrituras no registran que el ciego pidiera ser sanado. Tampoco tenemos constancia de que el hombre haya preguntado quién era Jesús o por qué había puesto barro en su rostro. De hecho, sabemos que él no preguntó quién era Jesús porque, cuando le preguntaron quién lo había sanado, les dijo que no lo sabía. Es bastante sorprendente que este ciego obedeciera las palabras de un extraño que acababa de frotar barro en sus ojos vacíos, pero luego es increíble lo que la gente puede hacer cuando está desesperada.

La mayoría de los pobres ciegos terminaban como mendigos. Él estaba probablemente sentado junto a la carretera y pidiendo monedas a los que pasaban. En cuanto a por qué obedeció a Jesús, sólo podemos especular. Tal vez pensó que, si hacía lo que el extraño decía, recibiría varias monedas para sus problemas. Tal vez fue la contundencia de la presencia de Cristo. Lo que sí sabemos es que el hombre era ciego, pero fue sanado y recuperó completamente su vista. Aquellos que habían conocido al ciego estaban asombrados y preguntaron por el hombre que lo sanó.

Amigos y conocidos llevaron al hombre a los fariseos. Sin embargo, los fariseos, todavía esclavos a la letra de la ley, y no conociendo el espíritu con el que se les dio la ley, dijeron que Jesús no podía ser de Dios porque lo hizo en el Sabbat. Los líderes religiosos trajeron a los padres del hombre a ellos y les preguntaron si su hijo, de hecho, había nacido ciego. Si así era entonces, ¿cómo era que ahora podía ver?

"Nació ciego", respondieron los padres, *"lo que no sabemos es cómo ahora puede ver, ni quién le abrió los ojos"*.

Propusieron que los líderes pidieran a su hijo que hablara por sí mismo. Incluso si sus padres supieran quién había sanado a su hijo podrían haber sido reacios a decirlo porque los líderes religiosos habían decidido que cualquiera que reconociera que Jesús era el Cristo sería expulsado de la sinagoga.

[Juan 9:7–23]

Según los historiadores, los fariseos de la época de Jesús habían refinado el acto de vestirse con sus túnicas hasta el punto de que toda su prenda podía ser sujetada en su lugar con sólo colocar un pequeño alfiler. De esta manera, no iban a traer más carga de la necesaria en el Sabbat y así, no estar en peligro de quebrantar las leyes de no hacer ninguna obra en el día de reposo.

¿Por qué crees que los fariseos eran tan fanáticos de cada pequeño punto de la ley?

Los líderes religiosos volvieron a convocar al hombre que nació ciego y trataron de que dijera que Jesús era un pecador. Su respuesta fue clásica: *"Si es un pecador, no lo sé. Lo único que sé es que yo era ciego y ahora veo".*

Después de algunas conversaciones más, el hombre dijo con coraje: *"Sabemos que Dios no escucha a los pecadores, pero sí a los piadosos y a quienes hacen su voluntad. Jamás se ha sabido que alguien le haya abierto los ojos a uno que nació ciego. Si este hombre no viniera de parte de Dios, no podría hacer nada".*

"¡Vas a darnos lecciones!", respondieron los líderes, y lo arrojaron fuera.

Cuando Jesús se enteró de esto, encontró al hombre y le preguntó: *"¿Crees en el Hijo del Hombre?"* El hombre preguntó quién podría ser el Hijo del Hombre para que pudiera creer en él.

Jesús respondió: *"Pues lo has visto; es el que está hablando contigo".*

Entonces el hombre dijo: *"Señor, creo",* y adoró a Jesús.

[Juan 9:24–38]

¿Puedes hacer una declaración similar a la que hizo el hombre que nació ciego cuando dijo: "Una cosa sé, estaba ciego y ahora puedo ver"? (Juan 9:25)

La sanidad de Jesús sobre el hombre ciego abrió sus ojos física y espiritualmente. ¿Qué hay en Jesús que da forma a tu propia relación con él?

Esta historia es típica de creyentes y pecadores en ese día y en la actualidad. Aquellos que saben que son ciegos, ya sea que su ceguera sea física o espiritual, reconocen su condición y se abren a la ayuda que sólo Cristo puede ofrecer. Por otro lado, los que se auto-justifican rara vez permiten que sus opiniones sean cuestionadas o debatidas. Debido a esto, permanecen ciegos y en esclavitud de sus pecados.

PARA MAYOR DISCUSIÓN O REFLEXIÓN PERSONAL:

[JUAN 8:1-11]

¿Te sorprende que el incidente con la mujer atrapada en adulterio ocurrió al amanecer en los patios del templo con multitudes ya presentes? ¿Por qué sí o por qué no?

¿Cuál era el objetivo de Jesús al señalar que juzgar a los demás era apropiado sólo para aquellos que no han pecado?

A la luz de lo que Jesús dijo a la mujer que debía dejar su vida de pecado, ¿qué crees que esta mujer les dijo a sus amigos sobre esta experiencia?

[JUAN 9:1-41]

¿De qué maneras estás espiritualmente ciego? ¿Cómo afecta eso tu relación con Dios y tus relaciones con los demás?

¿Qué se necesitará para restaurar tu visión espiritual?

SESIÓN 7

¿POR QUÉ SE IDENTIFICA JESÚS COMO UN PASTOR?
Juan 10:1-11:57

Jesús pasó mucho tiempo tratando de revelar su identidad para ayudar a los que lo escucharon y vieron para que creyeran en él. Sus referencias a ovejas y a un pastor no sólo habrían resonado con aquellos que se dedicaban a la agricultura, sino también con aquellos que estudiaban las Escrituras y asociaban a las ovejas con sacrificios y con David, el antiguo pastor y su rey más venerado.

Jesús comenzó: *"Ciertamente les aseguro que el que no entra por la puerta al redil de las ovejas, sino que trepa y se mete por otro lado, es un ladrón y un bandido. El que entra por la puerta es el pastor de las ovejas. El portero le abre la puerta, y las ovejas oyen su voz. Llama por nombre a las ovejas y las saca del redil. Cuando ya ha sacado a todas las que son suyas, va delante de ellas, y las ovejas lo siguen porque reconocen su voz.*

"Pero a un desconocido jamás lo siguen; más bien, huyen de él porque no reconocen voces extrañas". Jesús usó esta figura de discurso, pero los fariseos no entendían lo que les estaba diciendo.

"**Yo soy la puerta**; el que entre por esta puerta, que soy yo, será salvo. Se moverá con entera libertad, y hallará pastos. El ladrón no viene más que a robar, matar y destruir; yo he venido para que tengan vida, y la tengan en abundancia".

"**Yo soy el buen pastor**. El buen pastor da su vida por las ovejas".

"**Conozco a mis ovejas, y ellas me conocen a mí**, así como el Padre me conoce a mí y yo lo conozco a él, y doy mi vida por las ovejas".

"**Tengo otras ovejas que no son de este redil**, y también a ellas debo traerlas. Así ellas escucharán mi voz, y habrá un solo rebaño y un solo pastor".

[Juan 10:1–16]

> ¿Por qué Jesús usaría tantas analogías con respecto a ovejas y pastores para explicar su relación con los que creen en él como el Mesías?

Los oyentes estaban divididos en sus respuestas con respecto a Jesús. Los líderes religiosos le pidieron que les dijera claramente si él era el Cristo. Él respondió que los milagros que hizo en el nombre de su Padre hablaban por él.

"*No lo creen*", agregó, "*porque no son de mi rebaño*".

Algunos de los que lo escucharon recogieron piedras para apedrearlo.

"*¿Por cuál de los milagros me quieren apedrear?*", preguntó Jesús.

Ellos respondieron que su lapidación era por su blasfemia porque él, un simple hombre, afirmaba ser Dios.

[Juan 10:17–33]

> ¿De qué manera pretende Jesús ser Dios en sus referencias a ovejas y pastores?

Juan pasó tiempo hablándonos de Lázaro y sus hermanas, María y Marta. Se hace una nota especial de que esta María era la que "ungió" a Jesús con perfume y le limpió los pies con su cabello. Juan mencionó específicamente que Jesús amaba a Lázaro y a Marta y a María también. Ya que los líderes judíos estaban buscando una razón para que Jesús fuera sentenciado a muerte, él había estado ministrando en áreas alejadas de Jerusalén porque sabía que el tiempo de su sacrificio estaba cerca, pero que aún no había llegado. Sin embargo, las hermanas, sabiendo que esto era una cuestión de vida o muerte para su hermano, enviaron palabra a Jesús con respecto a la grave condición de Lázaro.

Cuando llegó la noticia de la enfermedad de su amigo, Jesús les dijo a sus discípulos que Lázaro estaba dormido y que necesitaban ir a despertarlo. Los discípulos, malinterpretando el significado de Jesús, dijeron que, si Lázaro estaba enfermo, sería bueno para él encontrar descanso mientras dormía. En este punto, Jesús les dice claramente a sus discípulos: *"Lázaro ha muerto ... Pero vamos a verlo"*.

Cuando se acercaron a Betania descubrieron que Lázaro había muerto y había estado en la tumba durante cuatro días. Marta los conoció y le dijo a Jesús: *"Si hubieras estado aquí, mi hermano no habría muerto"*.

Jesús respondió: *"Tu hermano resucitará"*.

Marta reconoció que su hermano ascendería en la resurrección en el último día, pero Jesús le dijo: *"Yo soy la resurrección y la vida. El que cree en mí vivirá, aunque muera, y todo el que vive y cree en mí no morirá jamás".*

Luego confrontó a Marta con la pregunta: *"¿Crees esto?"* Ella respondió no sólo con un *"sí, Señor"* sino que le confesó la creencia de que Jesús era el Cristo, el Hijo de Dios.

Marta fue a hacerle saber a María que Jesús estaba casi allí. María y los que se habían reunido para llorar con la familia fueron a ver a Jesús. Ella expresó la misma fe que su hermana de que si Jesús hubiera estado allí su hermano estaría vivo. Cuando Jesús preguntó dónde habían puesto a Lázaro respondieron: *"Ven a verlo".* Cuando Jesús vio el dolor de sus amigos, se conmovió profundamente. Después esto, tenemos el versículo más corto de la Biblia: *"Jesús lloró".*

[Juan 11:1-37]

> **Ya que Jesús sabía que estaba a punto de resucitar a Lázaro de entre los muertos, ¿por qué crees que lloró ante la tumba?**

Cuando llegaron a la cueva donde habían colocado el cuerpo de Lázaro, Jesús mandó que se quitara la piedra de la entrada. A esta orden, Marta protestó diciendo que, ya que el cuerpo de Lázaro había sido colocado en la tumba cuatro días antes. A la llegada de Jesús, el cuerpo tendría el fuerte y desagradable olor a descomposición. Jesús le respondió con una pregunta.

"¿No te dije que, si crees verás la gloria? de Dios?"

Para el beneficio de los allí reunidos, Jesús ofreció una oración para que creyeran que Dios lo había enviado.

Un hecho que rara vez se discute es que, aunque los judíos eran el pueblo de Dios y creían en él como el Único verdadero Dios, todavía se aferraban a algunas supersticiones rabínicas que se habían transmitido a través de los años y se encontraban en pasajes algo oscuros de la Mishná, (venerado escrito rabínico no incluido en la Sagrada Escritura). Una de esas supersticiones eran que, cuando una persona moría, su espíritu permanecía cerca del cuerpo durante tres días antes de entrar en la presencia de su padre, Abraham. El espíritu buscaba una oportunidad de volver a entrar en el cuerpo si fuera posible, pero si, después de tres días, no había podido volver a entrar en el cuerpo, pasaría al "seno de Abraham". Esta es una posible explicación de por qué Jesús eligió esperar hasta que el cuerpo hubiera sido enterrado durante cuatro días. Él quería que no hubiera ninguna duda en cuanto a la gloria de Dios que iba a ser revelada por esta resurrección.

La Biblia nos dice que Jesús llamó en voz alta: *"Lázaro, ¡sal fuera!"* El muerto salió con las manos y los pies envueltos con tiras de lino y un paño alrededor de su cara. Entonces Jesús dijo a los espectadores atónitos: *"Quítenle las vendas y dejen que se vaya"*.

Con esto y lo que había pasado antes, muchos creyeron en Jesús y su afirmación de ser el Cristo, el Mesías.

[Juan 11:38–45]

> **Cuando Jesús responde a Marta, "... si crees, verás la gloria de Dios", ¿qué está sugiriendo sobre el nivel de escepticismo de ella? ¿Qué quiere decir esta declaración para ti?**

Por difícil que sea imaginar, todavía hubo algunos que no creyeron. Después de este evento, los principales sacerdotes y fariseos convocaron una reunión del Sanedrín para considerar sus opciones. *"Si lo dejamos seguir así, todos van a creer en él, y vendrán los romanos y acabarán con nuestro lugar sagrado, e incluso con nuestra nación".*

Roma, sabían ellos, no podía tolerar a alguien con este tipo de poder acumulando un electorado que plantearía una amenaza al dominio romano. Caifás, el sumo sacerdote de ese año, habló y advirtió que era mejor que un hombre muriera que toda la nación pereciera. Entonces, desde ese día, ellos conspiraron para quitarle la vida a Jesús.

[Juan 11:46–57]

PARA MAYOR DISCUSIÓN O REFLEXIÓN PERSONAL:

[JUAN 10:9]
¿Qué quiso decir Jesús cuando dijo: "Yo soy la puerta de las ovejas"?

[JUAN 10:1-11:57]
¿Qué preguntas te gustaría hacerle a Jesús acerca de las declaraciones que hizo en este segmento?

SESIÓN 8

¿QUÉ QUIERE JESÚS QUE ENTIENDAN SUS SEGUIDORES?

Juan 12

Con su inminente juicio y crucifixión, Jesús sabía que tenía que preparar a sus discípulos para el tiempo en que él ya no estaría más con ellos. A pesar de toda su enseñanza y trabajo de milagros, Jesús sabía que sus seguidores no estaban preparados para lo que les esperaba.

Jesús y sus discípulos se retiraron a la aldea de Efraín. Era casi la hora de la fiesta judía de la Pascua y la gente esperaba que Jesús asistiera a este importante día santo que celebra la liberación de Israel de la esclavitud en Egipto. Como de costumbre, esperaban que Jesús finalmente se dirigiera al templo. Seis días antes de la Pascua, Jesús regresó a Betania a la casa de Lázaro y sus hermanas, María y Marta. Allí se dio una cena en honor a Jesús. Martha sirvió la cena mientras Lázaro y los otros hombres presentes se reclinaban alrededor de la mesa.

Fue durante este tiempo que María trajo como medio litro de nardo puro, que era un perfume muy caro, y lo vertió sobre los pies de Jesús y comenzó a limpiarle los pies con su cabello. Juan registra específicamente que la casa estaba llena de la fragancia del perfume. La Biblia nos dice que el perfume valía un año de salario y que Judas Iscariote, el que traicionaría a Jesús, fue la única persona que se opuso a este acto de sacrificio y adoración. Judas preguntó: *"Por qué no se vendió este perfume, que vale muchísimo dinero, para dárselo a los pobres?"*

Juan nos dice que la objeción de Judas no fue motivada por un sentido del amor cristiano o altruismo. Más bien, Judas hizo esto porque él era el tesorero de los discípulos, y, siendo un ladrón, se ayudaba regularmente a sí mismo de lo que se ponía en la bolsa del dinero. Jesús defendió el acto como preparación para su sepultura y agregó: *"A los pobres siempre los tendrán con ustedes, pero a mí no siempre me tendrán"*.

[Juan 12:1–8]

> **El derramamiento de María, o unción, de los pies de Jesús con el aceite caro fue referido por Jesús como "para el día de su sepultura" (Juan 12:7). ¿Qué piensas que Jesús quiso decir con esto?**
>
> **¿Podría Judas haber sido justificado al interrogar sobre la extravagancia a expensas de los pobres? ¿Cómo decide la Iglesia asignar los recursos? ¿Alguna vez los pobres se han quedado timados?**

Mientras esta escena se desarrollaba dentro de la casa de Lázaro, una gran multitud comenzó a reunirse afuera. Algunos vinieron a ver a Jesús, pero muchos vinieron a ver a Lázaro porque habían oído que Jesús lo había resucitado de entre los muertos. Ya que sabían de la muerte de Lázaro y de su resurrección posterior; muchos judíos habían venido a creer en Jesús. Cuando la noticia de esto llegó al jefe de los sacerdotes, hicieron planes para matar a Lázaro, así como a Jesús.

Juan escribe que, "Al día siguiente muchos de los que habían ido a la fiesta se enteraron de que Jesús se dirigía a Jerusalén; tomaron ramas de palma y salieron a recibirlo, gritando a voz en cuello: '¡Hosanna! ¡Bendito el que viene en el nombre del Señor! ¡Bendito el Rey de Israel!'"

Jesús partió hacia Jerusalén para completar el acto final de sacrificio en nombre de la humanidad. Bajo la dirección de Cristo, los discípulos habían asegurado un burro joven en el que él cabalgaría rumbo a Jerusalén. Esto cumplió lo que estaba escrito por el profeta Zacarías cuando dijo: "*No meas hija de Sión; mira, que aquí viene tu rey, montado sobre un burrito*".

Mientras que el significado de que Jesús llegara en un burro no pudo ser reconocido por muchas de las personas, ciertamente no pasó desapercibido para los sacerdotes y fariseos. Estaban conscientes de que, según la tradición de Oriente Medio, un rey de guerra entraba en su ciudad en un caballo de guerra mientras que un rey que traía la paz entraba en un burro, demostrando que, en su humildad, traía la paz. Eran conscientes de que, de cualquier froma, Jesús estaba declarándose rey. Los números de los que creían en Jesús como el Cristo iba en aumento, al igual que la aprehensión de los fariseos y sacerdotes que se decían uno al otro: "*Como pueden ver, así no vamos a lograr nada. ¡Miren cómo lo sigue todo el mundo!*"

[Juan 12:9-19]

> ¿Cómo amenazó el reconocimiento de la venida de Jesús como Rey a los fariseos y sacerdotes? ¿Cómo su realeza te amenaza a ti?

Algunos griegos vinieron a la fiesta y buscaron a Felipe para que los ayudara a ver a Jesús. Cuando Jesús se enteró de esto, les pidió que dijeran: *"Ha llegado la hora de que el Hijo del hombre sea glorificado"*. Jesús comparó su muerte anticipada con un grano de trigo que seguiría siendo una sola semilla a menos que muriera y fuera plantada en el suelo. Sólo entonces podría producir muchas semillas.

Jesús reconoció que su corazón estaba angustiado y preguntó: *". . . ¿y acaso voy a decir: 'Padre, sálvame de esta hora difícil'"?* ¡Si precisamente para afrontarla he venido! ¡*"Padre, glorifica tu nombre!"*

Una voz como un trueno vino del cielo diciendo: *"Ya lo he glorificado, y volveré a glorificarlo"*.

Jesús entonces declaró que el príncipe del mundo sería expulsado por su acción y que cuando él, Jesús, fuere levantado de la tierra, atraería a todos los hombres hacia sí mismo. Las palabras, *"levantado de la tierra"* indicaba qué tipo de muerte sufriría.

"Mientras tengan la luz, crean en ella", afirmó Jesús, "para que sean hijos de luz".

"Yo soy la luz que ha venido al mundo", agregó Jesús, *"para que todo el que crea en mí no viva en tinieblas"*.

[Juan 12:20–46]

> En varias ocasiones, la Biblia menciona que Jesús no permitía que ciertas cosas sucedieran porque "su tiempo aún no había llegado". Cuando llegaron los griegos a Felipe, deseando ver a Jesús, Cristo dijo: "La hora ha venido para que el Hijo del hombre sea glorificado" (Juan 12:23). ¿Qué crees que hizo que Jesús decidiera que su momento había llegado ahora?

Juan nos dice que, tal como los profetas habían previsto, muchos no creerían en el mensaje del Señor. Sin embargo, al mismo tiempo, muchos sí creyeron, incluso algunos de los que estaban entre los líderes judíos, sin embargo, no admitirían abiertamente su creencia porque temían a los fariseos.

Jesús afirmó que los que creían en él también creían en el que lo había enviado. En cuanto a los que escuchaban las palabras de Jesús, pero no las guardaban, dijo que él no los juzgaría. *"Pues no vine a juzgar al mundo, sino a salvarlo"*.

Había un juez, sin embargo, para aquellos que rechazaban a Jesús y no aceptaban sus palabras. Serían juzgados por las palabras de Cristo y su propio rechazo de las palabras que Jesús había hablado.

[Juan 12:47–50]

PARA MAYOR DISCUSIÓN O REFLEXIÓN PERSONAL:

[JUAN 12:24]
¿Cuál es el significado de la comparación de Jesús de lo del grano de trigo con lo que estaba a punto de suceder con él?

[JUAN 12:27]
Juan nos dice que el corazón de Jesús estaba turbado y él se preguntaba acerca de ser salvado de esa hora. ¿Cómo explicas la tensión entre Jesús el hombre y Jesús el Hijo de Dios?

SESIÓN 9

¿QUÉ QUIERE DECIR JESÚS CUANDO DECLARA: "HE VENCIDO AL MUNDO"?

Juan 13:1-16:33

Los siguientes cuatro capítulos del evangelio de Juan son algunos de los más importantes de todos los pasajes de las Escrituras. Se hacen promesas, eventos son explicados, los fracasos son profetizados y las semillas de la traición, que se habían sembrado durante meses, llegarían a su culminación. Con la traición de Jesús a sólo unas horas de ocurrir, Cristo se derramaba a sí mismo sobre sus discípulos tan plenamente y tan rápidamente como era posible. Aunque esta narración cubre sólo unas pocas horas en la vida de Jesús, se han escrito libros enteros para abordar cada uno de los puntos tratados en estos cuatro capítulos. Nos centraremos en el más vital de los conceptos espirituales que se encuentran en este discurso.

En esas últimas horas, Jesús buscó fortalecer a sus discípulos. Esto iba ser un ejercicio difícil. En una comida por la tarde justo antes de la fiesta de la Pascua, Jesús se levantó, puso una toalla alrededor de su cintura, vertió agua en un recipiente y comenzó a lavar los pies de sus discípulos. Este era un acto normalmente realizado por siervos o esclavos, sin embargo, Jesús, el Dios encarnado, se humilló a sí mismo al llevar a cabo el rol de un siervo con el fin de demostrar a sus amigos más cercanos que la verdadera naturaleza del Reino de Dios se encontraba en servir y no en ser servido.

Cuando completó su tarea, Jesús interpretó lo que había hecho, diciendo que sus discípulos debían hacer lo mismo por cada uno para demostrar liderazgo de servicio.

"Ciertamente les aseguro que ningún siervo es más que su amo, y ningún mensajero es más que el que lo envió". Jesús agregó: *"¿Entienden esto? Dichosos serán si lo ponen en práctica".*

[Juan 13:1-17]

> **¿Podrías humillarte como lo hizo Jesús y lavarle los pies a otra persona?**
>
> **¿Cómo las palabras de Jesús sirven como una advertencia a los cristianos de que deben tener cuidado de ser influenciados por un sistema mundial que promueve elevarse a uno mismo sobre los demás?**
>
> **¿Cómo deberían los cristianos demostrar este concepto a un mundo pecaminoso para personificar el amor y la humildad mostrados por Cristo?**

Jesús una vez más reconoció que uno de los Doce lo traicionaría. Los discípulos querían saber quién era el culpable. Jesús proporcionó una pista de que sería Judas Iscariote. Juan informa que cuando Judas recibía de Jesús un pedazo de pan mojado en hierbas, fue en ese momento que Satanás entró en él. El traidor se levantó rápidamente y dejó el cuarto. Iba a ver a los principales sacerdotes para recibir el pago por su traición a Jesús.

[Juan 13:18-30]

> ¿Cuáles crees que fueron las motivaciones de Judas para traicionar a Cristo?
>
> ¿Qué crees que quiere decir la Biblia cuando dice de Judas que "Satanás entró en él"?

Mientras Jesús estaba tratando de preparar a sus discípulos para la forma impactante en la que iba a ser golpeado, burlado y asesinado durante las siguientes 12 horas, ofreció una instrucción contra intuitiva. No quería que sus seguidores dejaran que sus pecaminosos corazones guiaran su respuesta ante su muerte.

Les dijo: *"Este mandamiento nuevo les doy: que se amen los unos a los otros. Así como yo los he amado, también ustedes deben amarse los unos a los otros. De este modo todos sabrán que son mis discípulos, si se aman los unos a los otros".*

Cuando Jesús hizo referencia a su partida, Simón Pedro le preguntó a dónde iba. Jesús respondió que se iba a un lugar donde no podían ir sino hasta después. Pedro respondió audazmente: *"¿Por qué no puedo seguirte ahora? Por ti daré hasta la vida".*

La respuesta de Jesús debe haber despertado una gran preocupación entre los discípulos. *"¿Tú darás la vida por mí? ¡De veras te aseguro que antes de que cante el gallo, me negarás tres veces!"*

[Juan 13:31:38]

> **Pedro prometió que preferiría morir antes que abandonar a Jesús, aunque más tarde descubrimos que él negó que incluso conocía a Jesús. ¿Alguna vez le has fallado a un amigo de tal manera? ¿Pudiste reparar la relación?**

Jesús ofreció a sus discípulos la seguridad de que iba a la casa de su Padre para preparar un lugar para ellos y que él iba a regresar y llevarlos con él para que pudieran estar con él. Tomás habló y compartió su incertidumbre sobre a dónde iba Jesús y preguntó: *"¿Cómo podemos conocer el camino?"*

Jesús respondió con una declaración que es una piedra angular del cristianismo cuando dijo: *"Yo soy el camino, la verdad y la vida. Nadie llega al Padre sino por mí"*.

Esta declaración separa al cristianismo de todas las demás religiones. Si Jesús es el único camino, ¿cómo pueden haber "muchos caminos, un sólo destino" como los no cristianos han estado diciendo durante milenios?

Felipe entonces pidió que se les mostrara al Padre, pensando que esta revelación cimentaría su fe en él.

"El que me ha visto a mí ha visto al Padre", le dijo Jesús y agregó: *"El que cree en mí las obras que yo hago también él las hará…. Cualquier cosa que ustedes pidan en mi nombre, yo la haré"*.

[Juan 14:1:14]

> **Jesús afirmó que él era el camino, la verdad y la vida. ¿Qué significa esto?**
>
> **¿Qué crees que quiso decir Jesús cuando dijo: "Cuando me hayas visto has visto al Padre"?**

Juan busca descifrar parte del misterio de estas últimas palabras a los discípulos con esta nueva revelación de Jesús.

"Si ustedes me aman, obedecerán mis mandamientos. Y yo le pediré al Padre, y él les dará otro Consolador para que los acompañe siempre: el Espíritu de verdad".

Y hay más: "No los voy a dejar huérfanos; volveré a ustedes. Dentro de poco el mundo ya no me verá más, pero ustedes sí me verán. Y porque yo vivo, también ustedes vivirán". Los cristianos todavía se aferran a esta promesa hoy en día.

Jesús concluyó la tarde en el aposento alto con sus discípulos con estas palabras: "Todo esto lo digo ahora que estoy con ustedes. Pero el Consolador, el Espíritu Santo, a quien el Padre enviará en mi nombre, les enseñará todas las cosas y les hará recordar todo lo que les he dicho. La paz les dejo; mi paz les doy. Yo no se la doy a ustedes como la da el mundo. No se angustien ni se acobarden".

Poco después de pronunciar estas palabras tranquilizadoras, Jesús dijo: "Levántense, vámonos de aquí".

Después de lo que parecían palabras de despedida, Juan incluyó lecciones importantes que Jesús había estado enseñando a sus discípulos.

- Jesús dijo que era como una vid con ramas. Las ramas que no daban fruto debían podarse para permitir que las ramas que daban fruto produjeran más fruto. Pero que estas ramas que daban fruto debían permanecer como parte de la vid. Los discípulos no pueden dar fruto a menos que permanezcan en Jesús. Deben dar mucho fruto para la gloria de Dios.

[Juan 14:15–15:8]

> ¿Qué quiso decir Jesús con la analogía de que él era la vid y los discípulos eran sus ramas?
>
> ¿Por qué el mundo odiaría a los discípulos de Jesús y los perseguiría?

- Jesús añadió a lo que había dicho acerca del amor. *"Nadie tiene amor más grande que el dar la vida por sus amigos. Ustedes son mis amigos si hacen lo que yo les mando"*.
- Jesús advirtió que el mundo odiaría a sus discípulos tal y como lo habían odiado a él primero. Ellos iban a ser perseguidos como él fue perseguido. Los que lo odian también odian al Padre. Pero esto, agregó Jesús, era para cumplir lo que estaba escrito en su Ley acerca de odiar a Cristo sin razón.
- Jesús les dio estas instrucciones para que no se extraviaran. Debían esperar a ser expulsados de sus sinagogas. (Como puedes leer en otra parte, los discípulos serían asesinados por aquellos que rechazaron el mensaje del don gratuito de Jesús de la salvación espiritual. Algunos de estos asesinos creían que al matar a Cristo en realidad estaban realizando un servicio a Dios).
- Cuando venga el Consejero, Jesús dijo: *"Convencerá al mundo de su error en cuanto al pecado, a la justicia y al juicio"*.
- Entendiendo la ansiedad que sus discípulos sentían acerca del futuro, Jesús ofreció este paralelo: *"La mujer que está por dar a luz siente dolores porque ha llegado su momento, pero en cuanto nace la criatura se olvida de su angustia por la alegría de haber traído al mundo un nuevo ser. Lo mismo les pasa a ustedes"*.

> Juan informa que estas últimas palabras hicieron las cosas más claras para los discípulos porque Jesús estaba hablando claramente sin usar un lenguaje figurado. Ellos reconocieron la sabiduría de Jesús, y esto les ayudó a creer que él venía de Dios. Jesús terminó esta enseñanza con estas palabras: *"En este mundo afrontarán aflicciones, pero ¡anímense! Yo he vencido al mundo"*.

[Juan 15:9–16:33]

PARA MAYOR DISCUSIÓN O REFLEXIÓN PERSONAL:

[JUAN 13:1-17]
¿Qué significa el liderazgo de servicio, como Jesús lo modeló en el lavado de pies de sus discípulos?

[JUAN 14:6]
Jesús dijo que nadie viene al Padre excepto a través de él. ¿Qué significa esto y qué implicaciones tiene para aquellos que dicen que "todas las religiones son básicamente iguales"?

[JUAN 14:15-31]
¿Cómo convencerá el Consejero que ha de venir al mundo, de culpa sobre el pecado?

[JUAN 13:1-16:33]
¿Cómo estas últimas palabras de Jesús aclararon las cosas para los discípulos? ¿Te han dejado las cosas más claras? Si es así, ¿cómo?

SESIÓN 10

¿CÓMO PASÓ JESÚS SUS ÚLTIMAS HORAS CON SUS DISCÍPULOS?

Juan 17:1-18:40

Después de lo que debió ser una noche que fue agotadora tanto física como espiritualmente, Jesús y Sus discípulos se fueron al aposento alto con destino al huerto de Getsemaní. Pero antes de que se fueran, Jesús ofreció una gran oración a Dios. Esta es la oración más larga de Jesús registrada en la Biblia. Oró por él mismo, por sus discípulos y por los futuros creyentes que quisieran venir a la salvación por medio del testimonio de los discípulos.

E s al comienzo de esta oración que Jesús nos da una indicación de la verdadera naturaleza de la vida eterna. Al momento de orar Jesús dijo: *"Padre, ha llegado la hora. Glorifica a tu Hijo, para que tu Hijo te glorifique a ti, ya que le has conferido autoridad sobre todo mortal para que él les conceda vida eterna a todos los que le has dado. Y esta es la vida eterna: que te conozcan a ti, el único Dios verdadero, y a Jesucristo, a quien tú has enviado".*

[Juan 17:1-3]

> En la oración Jesús dice que la vida eterna se encuentra en "el conocer a Dios" y en "el conocer a Jesús". ¿Cómo podemos realmente conocer a Dios y a Jesús?
>
> Jesús habló de Su próxima crucifixión como si fuera Su "glorificación". ¿De qué manera puede la crucifixión glorificar a Jesús?

En estas palabras, vemos que la vida eterna no es algo para nuestro futuro. Más bien, nuestra vida eterna comienza ahora, en el momento de la salvación, cuando nuestros pecados son perdonados y somos reconciliados al Padre. ¡Qué verdades tan asombrosas! Es saber que no sólo podemos tener la promesa de la vida eterna en Jesucristo, sino que también podemos tener nuestros pecados, que se interponen entre nosotros y Dios, borrados por creer en Su Hijo, Jesucristo como nuestro Señor y Salvador.

Juan parece haber estado al tanto del contenido de las oraciones de Jesús. Él (junto con su hermano Santiago y Simón Pedro) era miembro del círculo más íntimo de discípulos de Jesús. Es probablemente a través de esta relación de la que Juan tenía detalles de la gran oración de Jesús.

Después de su oración, Jesús salió del aposento alto que se encontraba en el centro de Jerusalén con sus discípulos y caminó poco más de un kilómetro y medio a través de una puerta en la muralla de la ciudad, bajando al valle de Cedrón y subiendo hacia el Monte de los Olivos justo al este de la ciudad. Allí él entró en el huerto de Getsemaní para orar a su Padre, Dios, en gran agonía espiritual antes de que Judas viniera a traicionarlo.

Mateo, uno de los discípulos, describe el contexto y relata las palabras de Jesús a sus once seguidores más cercanos.

"Es tal la angustia que me invade, que me siento morir —les dijo—. Quédense aquí y manténganse despiertos conmigo". Yendo un poco más allá, se postró sobre su rostro y oró: *"Padre mío, si es posible, no me hagas beber este trago amargo. Pero no sea lo que yo quiero, sino lo que quieres tú"* (Mateo 26:38-40). Jesús oraría dos veces más mientras los discípulos dormían.

[Juan 17:4–26]

> **¿Qué tan grande fue la agonía de Jesús sabiendo que se separaría de su Padre y llevaría el castigo por los pecados pasados, presentes y futuros de toda la humanidad?**
>
> **Cuando estamos pasando por tiempos difíciles, incluyendo sufrimiento intenso, ¿por qué es importante que recordemos el sufrimiento que Jesús soportó antes de ser tomado prisionero por la guardia del templo?**

A medida que continuamos en el relato del evangelio de Juan, es aquí donde Judas llegó con un destacamento de soldados y oficiales de la sumos sacerdotes y fariseos.

Jesús preguntó: *"¿A quién buscan?"*

"A Jesús de Nazaret", respondieron.

"Yo soy", dijo Jesús, después de lo cual retrocedieron y cayeron al suelo.

Una vez más, Jesús se había atribuido a sí mismo el Nombre de Dios. En esta escena, sus antagonistas estaban lo suficientemente bien versados en las Escrituras pues reconocieron la declaración de Jesús y en realidad cayeron al suelo ya sea por temor o por el puro poder del nombre de Dios.

Jesús les preguntó de nuevo a quién buscaban y una vez más respondieron que estaban buscando a Jesús de Nazaret.

"Ya les dije que yo soy. Si es a mí a quien buscan, dejen que estos se vayan".

Entonces Pedro, que comúnmente estaba armado con una espada, la desenvainó y cortó la oreja del siervo del sumo sacerdote. Jesús le ordenó que guardara su espada. Otro evangelio registra que luego Jesús sanó la oreja cortada del sirviente. Jesús fue arrestado, atado, y llevado a Anás, el suegro de Caifás, el sumo sacerdote.

[Juan 18:1–14]

> **¿Cuál crees que sea el significado de la entrega voluntaria de Jesús a los guardias del templo cuando Su divino poder era tan obvio?**
>
> **Pedro hizo una promesa que no estaba dispuesto a cumplir. ¿Alguna vez has hecho una promesa a Dios que no pudiste guardar? ¿Cómo te ha afectado eso?**

Pedro y otro discípulo siguieron a Jesús y a sus captores desde una distancia segura. Sin embargo, a su llegada al palacio de Anás, el otro discípulo, siendo conocido por el alto sacerdote, se le permitió ir con Jesús al patio del sumo sacerdote. (Muchos eruditos de la Biblia creen que Juan era este discípulo sin nombre y que Juan pudo haber tenido algunas conexiones indirectas con aquellos en el sacerdocio por medio de parientes). Pedro esperó afuera hasta que el otro discípulo regresaba, habló con una muchacha de servicio allí, y consiguió llevar a Pedro en el patio donde se había reunido una multitud. La muchacha preguntó a Pedro: *"¿No eres tú también uno de los discípulos de este hombre?"*

Pedro respondió: *"No lo soy"*. Hacía frío y la gente estaba de pie alrededor de una fogata, Pedro se unió a ellos para calentarse.

Anás interrogó a Jesús acerca de sus enseñanzas y de sus discípulos.

Jesús respondió. *"Yo he hablado abiertamente al mundo. Siempre he enseñado en las sinagogas o en el templo, donde se congregan todos los judíos. En secreto no he dicho nada… ¡Interroga a los que me han oído hablar! Ellos deben saber lo que dije"*.

Un funcionario golpeó a Jesús en la cara y lo reprendió por la forma en que le respondió.

"Si he dicho algo malo", respondió Jesús: *"Demuéstramelo. Pero, si lo que dije es correcto, ¿por qué me pegas?"* Después esto, Anás envió a Jesús atado a Caifás el sumo sacerdote.

Mientras estaba en el patio del palacio de Anás, como pedro estaba calentándose junto a la fogata, se le preguntó a Pedro por segunda vez: *"¿No eres tú también uno de sus discípulos?"*

Una vez más, él respondió: *"No lo soy"*.

Entonces, un pariente del hombre a quien Pedro le cortó la oreja desafió a Pedro. *"¿Acaso no te vi en el huerto con él?"* Otra vez Pedro negó cualquier conocimiento de Jesús y comenzó a jurar y, con un juramento, reforzó su negación. Fue en este momento que un gallo comenzó a cantar. Fue cuando Pedro recordó las palabras de Jesús de que negaría haberlo conocido. Otro evangelio registra que Pedro se llenó instantáneamente de culpa y remordimiento por haber negado a Jesús en su hora de necesidad, de tal modo que *"saliendo de allí, lloró amargamente"*. (Mateo 26:75)

[Juan 18:15-26]

PARA MAYOR DISCUSIÓN O REFLEXIÓN PERSONAL:

[JUAN 17:1-26]

En su oración de Juan 17, ¿qué razón dio Jesús sobre la traición de Judas?

Según la oración de Jesús en Juan 17, ¿qué es la vida eterna?

¿Por qué oró Jesús para que Sus discípulos no fueran sacados del mundo? ¿No sería más fácil para los creyentes si fueran "tomados fuera del mundo"?

¿Cómo te hace sentir el que Jesús haya orado por ti incluso antes de nacer?

[JUAN 18:15-26]

Si pudieras preguntarle a Pedro cómo se sintió cuando escuchó al gallo cantar, ¿qué crees que te diría? ¿Alguna vez te has sentido de esa manera? ¿Por qué?

SESIÓN 11

¿POR QUÉ TUVO QUE MORIR JESÚS?
Juan 18:1-19:42

El huerto de Getsemaní era un olivar situado en las laderas del Monte de los Olivos y era un lugar familiar para Jesús y los discípulos. Cuando visitaron Jerusalén para uno de los días sagrados judíos, a menudo iban a Getsemaní para escapar de las multitudes de personas dentro de la ciudad amurallada. En esta noche, la noche que Jesús iba a ser traicionado, Jesús llevó a sus discípulos con él a este olivar. Fue aquí donde Jesús oró de nuevo, esta vez para preguntarle al Padre si había alguna otra manera para que Su propósito se completara. También fue aquí donde echamos un vistazo a la lucha entre la humanidad de Jesús y su divinidad.

De los cuatro evangelios, Juan es el único que excluye el sufrimiento del alma de Jesús en el registro. Algunos encuentran extraña esta ausencia en el registro ya que Juan nos da tal gran imagen de la dualidad de "plenamente Dios y plenamente hombre" en el resto de su relato evangélico. Pero los otros escritores de los evangelios registran el sufrimiento de Jesús tal como fue, bajo tal emotividad y estrés espiritual que, Lucas registra: "Su sudor era como gotas de sangre que caían a tierra" (Lucas 22:44).

Este registro es literal y no figurativo como algunos suponen. El fenómeno de "hematidrosis" puede ocurrir durante los momentos de trauma emocional intenso cuando la dilatación de los vasos sanguíneos presiona contra las glándulas sudoríparas que hace que los vasos revienten, permitiendo que la sangre se filtre a través de las glándulas sudoríparas y salga a través de los poros de la piel. Esto nos da una clara indicación de la intensidad de la lucha que ocurrió dentro de Jesús en esta noche.

En la madrugada, llevaron a Jesús de Caifás al palacio de Pilato, el gobernador romano. Para este momento, Jesús ya había sido severamente golpeado por los guardias del templo: una vez mientras iba camino de Getsemaní al palacio de Anás; de nuevo mientras estaba en el palacio; y una tercera vez de camino a la casa de Caifás. Debe haber sido no menos que una impresionante vista cuando fue visto por primera vez por Pilato.

El gobernador salió y preguntó: *"¿De qué delito acusan a este hombre?"* Cuando le dijeron que Jesús era un criminal, Pilato les dijo a los acusadores que lo juzgaran por su propia ley – la ley judía en lugar de la ley romana. Respondieron que no tenían derecho a ejecutar a nadie. Pilato pidió que trajeran a Jesús y le preguntó: *"¿Eres tú el rey de los judíos?"* Jesús le preguntó a Pilato de dónde venía su pregunta. Pilato respondió con otra pregunta. *"¿Qué has hecho?"*

Jesús respondió: *"Mi reino no es de este mundo. Si lo fuera, mis sirvientes lucharían para evitar mi arresto por parte de los líderes judíos".*

"¡Así que eres rey!", dijo Pilato.

Jesús respondió: *"Eres tú quien dice que soy rey. Yo para esto nací, y para esto vine al mundo: para dar testimonio de la verdad. Todo el que está de parte de la verdad escucha mi voz".*

Pilato respondió con su famosa pregunta: *"¿Y qué es la verdad?"*

Realmente no tenemos forma de saberlo, pero algunos creen que esta pregunta irónica perseguiría a Pilato por el resto de su tiempo en la tierra. Pilato era militar, pero, ya que había sido elegido para ser gobernador, también debió haber estado bien educado incluyendo estudios sobre los antiguos filósofos griegos. El concepto de verdad absoluta ha sido objeto de debate entre la élite letrada durante siglos y sigue siendo debatida hoy en día.

Qué trágico fue que Pilato todavía luchara con esta pregunta incluso cuando la encarnación de la verdad estaba delante de él vestida de carne.

Pilato luego regresó a los judíos e informó que no había encontrado una base para un cargo contra Jesús. Les recordó la costumbre de liberar a un prisionero en el momento de la Pascua y ofreció liberar al "rey de los judíos". Juan nos dice que, ellos gritaron de vuelta, *"¡No, no sueltes a ese; suelta a Barrabás!"* Barrabás había tomado parte en una rebelión.

[Juan 18:1–40]

Pilato preguntó: "¿Qué es la verdad?" (Juan 18:38). ¿Cuál es tu respuesta a esta profunda pregunta?

Jesús le dijo a Pilato: "Mi reino no es de este mundo" (Juan 18:36). ¿Qué quiso decir con eso?

"Pilato tomó entonces a Jesús y mandó que lo azotaran". Esta declaración parece tan benigna, pero no logra traducir la inmensa tortura de la "flagelación" o "los latigazos". El látigo utilizado en una flagelación romana también era conocido, en algunos escritos históricos antiguos, como un "látigo de nueve colas". Fue hecho de varios látigos trenzados juntos, cada uno tenía enrolladas fichas de piedras dentadas, trozos de metal afilado. Con cada golpe del látigo, más músculo y hueso habrían quedado expuestos. Era un dispositivo malvado destinado a imponer un castigo severo para aquellos que se veían forzados a soportar su ira. La víctima del azote tenía ambas manos atadas a un poste de azote de modo que su movimiento estaba restringido tanto como fuera posible. Así que el trauma infligido a la víctima era tan severo que muchos condenados al poste para ser flagelados no sobrevivían a la paliza.

Juan nos dice que después de la flagelación de Jesús: "Los soldados, que habían tejido una corona de espinas, se la pusieron a Jesús en la cabeza y lo vistieron con un manto de color púrpura. *"¡Viva el rey de los judíos!"* Le gritaban, mientras se le acercaban para abofetearlo.

Pilato parecía un poco ambivalente acerca de estar de acuerdo con los acusadores de Jesús. *"Aquí lo tienen"*, les dijo, *"lo he sacado para que sepan que no lo encuentro culpable de nada"*. Cuando salió Jesús, llevaba puestos la corona de espinas y el manto de color púrpura. *"Aquí lo tienen al hombre"*, les dijo Pilato.

Cuando vieron a Jesús, los principales sacerdotes y sus funcionarios gritaron: *"¡Crucifícalo! ¡Crucifícalo!"* Pilato cedió y dijo: *"Pues llévenselo y crucifíquenlo ustedes. Por mi parte, no lo encuentro culpable de nada"*. Los acusadores respondieron que de acuerdo con ley judía había cometido blasfemia y tenía que ser ejecutado.

Pilato se enfrentó a un gran dilema y regresó al interior de su palacio y le preguntó a Jesús que de dónde era. Jesús no respondió. Pilato estaba irritado por el silencio de Jesús y preguntó: *"¿No te das cuenta de que tengo poder para ponerte en libertad o para mandar que te crucifiquen?"*

Jesús le dijo a Pilato: *"No tendrías ningún poder sobre mí si no se te hubiera dado de arriba"*. Agregó que los que lo habían entregado a Pilato eran culpables de un gran pecado.

A partir de entonces, nos dice Juan que Pilato trató de liberar a Jesús. Sin embargo, los acusadores de Jesús sabían cómo obtener lo que querían.

"Si dejas en libertad a este hombre, no eres amigo del emperador", ellos gritaron: *"Cualquiera que pretende ser rey se hace su enemigo"*.

Ese desafío, que amenazaba la posición política de Pilato, funcionó. Pilato hizo un último intento de evitar la responsabilidad. *"Aquí tienen a su rey"*, dijo. *"¿Acaso voy a crucificar a su rey?"*

Los principales sacerdotes respondieron: *"No tenemos más rey que el emperador romano"*. Así que Pilato les entregó a Jesús para que fuera crucificado.

[Juan 19:1-16]

> **A ojos del líder judío, ¿de qué era culpable Jesús que merecía la pena de muerte?**
>
> **Hasta este punto en el relato de los acontecimientos que condujeron a la crucifixión de Jesús, ¿has visto a alguien expresar algún coraje verdadero?**
> **Si es así, ¿quién y cómo?**

Esta plática en la que los principales sacerdotes declararon que no tenían más "rey sino a César" demuestra hasta dónde los judíos irían para que mataran a Jesús. Mientras que ciertos acuerdos políticos entre romanos y el liderazgo judío hacían que la vida de los líderes judíos fuera mucho más tolerable que para el judío promedio, todavía se irritaban bajo el gobierno de un reino gentil. Que los soldados romanos tuvieran acceso al monte del templo era especialmente irritante. Sus sentimientos por los romanos eran nada menos que odio. Sin embargo, este odio por los romanos no era tan fuerte como su odio por Jesús. Su odio era tan poderoso que les hacía hablar lo indescriptible como para confesar al emperador romano – un hombre que había declarado él mismo ser un dios – como su único rey.

"¿Estabas allí cuando crucificaron a mi Señor?" es un canto espiritual americano que fue escrito por esclavos afroamericanos en el siglo 19. Nos llama a empatizar con Cristo mientras los romanos lo preparaban para la crucifixión en el Gólgota. Aquí están los eventos que se desarrollaron allí.

- Cuatro soldados se hicieron cargo de Jesús. Lo hicieron llevar su propia cruz a lo que, en el arameo comúnmente hablado el lenguaje de Jesús y sus discípulos, se llamaba el Gólgota, es decir, el Lugar de la Calavera.
- Jesús fue clavado e izado en su cruz entre dos criminales que estaban siendo crucificados ese día.
- Pilato tenía un letrero pegado a la cruz de Jesús que decía *"JESÚS DE NAZARET, EL REY DE LOS JUDÍOS"*. Juan nos dice que fue escrito en arameo, latín y griego.
- Los principales sacerdotes protestaron que no debía escribir que Jesús era el rey de los judíos, sino debía leerse que Jesús se decía ser rey de los judíos. Pilato respondió: *"Lo que he escrito, escrito queda"*.
- Los soldados dividieron las vestiduras de Jesús entre ellos como estaba predicho en el Salmo 22.
- La madre de Jesús, la hermana de su madre, María la esposa de Cloefas, y María Magdalena estaban cerca de la cruz. (En el Evangelio de Juan, María, la madre de Jesús, sólo se menciona una vez y no se menciona en los otros tres

Evangelios. Eso es evidente por lo que sigue que Juan pudo haber tenido un interés personal en incluir a María).

> Jesús vio a su madre y al discípulo "a quien amaba" y dijo: *"Mujer, ahí tienes a tu hijo", y al discípulo, Ahí tienes a tu madre"*. A partir de ese momento, este discípulo la recibió en su casa.
> Jesús dijo que tenía sed. Remojaron una esponja en vino y vinagre, lo pusieron en un tallo de la planta de hisopo y lo levantaron hacia sus labios.
> Cuando Jesús recibió la bebida, dijo: *"Todo se ha cumplido"*. Con eso, inclinó la cabeza y entregó su espíritu.

[Juan 19:17–30]

> **¿Por qué crees que los romanos usaban la crucifixión como un medio de ejecución cuando había otras tantas formas de ejecución que requerían mucho menos trabajo?**

Dado que esto se estaba desarrollando en el Día de la Preparación para la Pascua, los líderes judíos le pidieron a Pilato que quebrara las piernas de los crucificados, acelerando su muerte e impidiendo que sus cuerpos estuvieran en las cruces en el Sabbat. Las víctimas de la crucifixión a veces vivían durante muchas horas o incluso dos o tres días así que la rotura de las piernas de los crucificados no era inusual. Juan registra que los soldados quebraron las piernas de los dos ladrones que fueron crucificados con Jesús pero que cuando vinieron a Jesús, encontraron que Él ya estaba muerto.

Sabiendo que era inusual que el condenado muriera tan rápidamente, un soldado recibió la orden de empujar su lanza en el costado de Jesús. Esto se hizo y cuando sacó la punta de la espada, hubo un flujo repentino y copioso de sangre mezclada con agua. Muchos profesionales médicos modernos creen que este flujo de sangre y agua fue el resultado de la muerte debido a un choque hipovolémico, en el que los fluidos llenan el saco membranoso que rodea el corazón y los pulmones. No se sabía que esta condición fuera un resultado común de la crucifixión, especialmente porque sucedió a las pocas horas de la ejecución de Jesús. Pero, como señala Juan, el hecho de que las piernas de Jesús no fueron quebradas y que fue traspasado con una lanza, sucedió como un cumplimiento de las profecías dadas cientos de años antes del evento.

[Juan 19:31–37]

> En varias ocasiones, Juan describe un evento como uno que ocurrió para "cumplir una profecía". ¿Por qué crees que hizo esto?

El capítulo 19 termina con José de Arimatea solicitando a Pilato que le permita tomar el cuerpo de Jesús de la cruz por sí mismo. Se le concedió el permiso. El cuerpo de Jesús fue rápidamente, pero sólo parcialmente, preparado para el entierro en la propia tumba de José (otro cumplimiento de la profecía) y Jesús fue puesto para su muy corta estancia en la tumba prestada de un hombre justo.

Así, la vida humana del Dios encarnado, uno que nació a través de un milagro y que vivió una vida marcada con las señales milagrosas y el amor milagroso, llegaron a su fin. No es de extrañarse que sus seguidores estuvieran devastados y confundidos. La devastación, el miedo y la confusión pronto serían reemplazados por la alegría, el asombro y la fe.

[Juan 19:38–42]

PARA MAYOR DISCUSIÓN O REFLEXIÓN PERSONAL:

[JUAN 19:1-9]
Si Pilato quería liberar a Jesús, ¿qué le impidió hacerlo?

[JUAN19:12]
Los acusadores de Jesús eran inteligentes. Trayendo al emperador romano César en la conversación cambió la dinámica a otro nivel. ¿Por qué?

[JUAN19:30]
¿Qué significan las palabras de Jesús "Todo se ha cumplido"?

[JUAN 1-19]
Has estado en un viaje con Jesús y sus discípulos. ¿Sientes algún cambio en ti mismo como resultado de tu viaje? Si es así, ¿qué?

SESIÓN 12

¿CÓMO REACCIONARON A LA RESURRECCIÓN LOS SEGUIDORES MÁS CERCANOS DE JESÚS?

Juan 10:1-11:57

Otro de los evangelios registra las magnitudes a las que llegaron los judíos para evitar cualquier reclamo por parte de los seguidores de Jesús de que él había resucitado de entre los muertos. Le imploraron a Pilato que evitara esta posibilidad "sellando" la tumba y colocando un guardia durante tres días. El sellado de la tumba implicaba asegurar la gran cubierta de piedra a la entrada de la tumba con una cuerda fuerte y luego colocar la cuerda a la piedra con un sello de cera que lleva la marca del imperio romano. Romper tal sello era punible con la muerte.

El domingo, el primer día de la semana, cuando todavía estaba oscuro, María Magdalena fue a la tumba y vio que se había quitado la piedra de la entrada. Corrió a Simón Pedro y el otro discípulo, "al que Jesús amaba", (generalmente conocido como Juan) y les dijo que el cuerpo de Jesús ya no estaba en la tumba. Los dos discípulos corrieron a la tumba para ver esto por sí mismos. Cuando llegaron allí entraron en la tumba y encontraron las vendas de entierro y el sudario, pero no a Jesús. "El sudario no estaba con las vendas, sino enrollado en un lugar aparte", observó Juan, pero ni él ni Pedro entendieron de las Escrituras lo que significaba para Jesús que resucitara de entre los muertos.

[Juan 20:1-9]

> **¿Por qué estaban los líderes judíos tan preocupados por el sellamiento de la tumba y el aseguramiento del cuerpo de Jesús?**
>
> **Los evangelios registran que Jesús se levantó en "el primer día de la semana". ¿Qué significado tiene esto para nosotros hoy?**

Los discípulos regresaron a sus hogares, pero María Magdalena se quedó cerca de la tumba llorando. Dos ángeles de blanco le preguntaron que por qué estaba llorando. Ella dijo que era porque habían tomado a su Señor y no sabía a dónde se lo habían llevado. En esto, ella se dio la vuelta y vio a Jesús parado allí, pero ella no se dio cuenta que era Jesús.

"¿Por qué lloras, mujer? ¿A quién buscas?"

María pensó que era el que cuidaba el huerto y le preguntó dónde habían llevado a Jesús. Fue entonces cuando Cristo resucitado pronunció el nombre de María. Ella reconoció instantáneamente Su voz.

Ella se volvió hacia él y gritó en arameo: *"¡Raboni!"* (que en arameo significa Maestro). Jesús le dijo que no lo tocara porque aún no había ido al Padre. Le dijo que fuera a decirles a sus hermanos (otras traducciones usan el término "hermanos" que se usaba en la iglesia primitiva para la comunidad de cristianos) que él iba a regresar a su Padre y al Padre de ellos: a su Dios y al Dios de ellos.

María fue a dar esta noticia. *"¡He visto al Señor!"*, ella exclamó e informó de su experiencia.

[Juan 20:10–18]

> La Biblia dice que María no reconoció a Jesús hasta que pronunció su nombre. ¿Alguna vez has sentido que escuchas a Jesús, decir tu nombre? Si es así, ¿qué efecto tuvo en ti?

Mientras los discípulos se reunían detrás de las puertas cerradas debido a su temor de los judíos, Jesús vino y se paró entre ellos y dijo: *"¡La paz sea con ustedes!"* Después de decir esto, les mostró sus manos y su costado.

Es un eufemismo decir que los discípulos estaban muy contentos cuando vieron a Cristo resucitado. Una vez más Jesús dijo: *"¡La paz sea con ustedes! Como el Padre me envió a mí, así yo los envío a ustedes"*.

Con eso Jesús sopló sobre ellos y dijo: *"Reciban el Espíritu Santo. A quienes les perdonen sus pecados, les serán perdonados; a quienes no se los perdonen, no les serán perdonados"*.

[Juan 20:19–23]

> Anteriormente hemos visto a los líderes religiosos recordarle a Jesús que sólo Dios podía perdonar pecados. ¿Qué ha cambiado?

En esta primera visitación después de la resurrección de Cristo, sólo diez de los doce originales estaban presentes. Judas quien traicionó a su Señor, se había suicidado. Por alguna razón, Tomás no estuvo presente en esta reunión, y cuando los demás lo encontraron, dijeron: "Hemos visto al Señor". Tomás respondió que a menos que viera y tocara las marcas de los clavos y pusiera su mano en el costado de Jesús, no creería la historia de los otros discípulos. La respuesta de Tomás le ha valido el apodo de "el incrédulo Tomás".

Una semana después, los discípulos estaban juntos de nuevo. En esta hora Tomás estaba presente. Juan registra que las puertas estaban cerradas con llave, pero que Jesús vino y se paró entre ellos y dijo: *"La paz sea con ustedes"*.

Entonces le dijo a Tomás: *"Pon tu dedo aquí y mira mis manos. Acerca tu mano y métela en mi costado. Y no seas incrédulo, sino hombre de fe"*.

Tomás le dijo: *"¡Señor mío y Dios mío!"*

Jesús reconoció la creencia de Tomás, pero agregó: *"Dichosos los que no han visto y sin embargo creen"*.

[Juan 19:31–37]

> **En estas tres ocasiones en que Jesús se apareció a sus discípulos después de su resurrección, los saluda con las palabras:** *"La paz sea con ustedes"* **(Juan 20:19). ¿Cuál es el significado de este saludo?**
>
> **Si estuvieras en la posición de Tomás, ¿crees que habrías creído el informe de los discípulos sin verlo por ti mismo?**

Juan informa que Jesús hizo otras señales milagrosas en la presencia de los discípulos que no están incluidos en su Evangelio. "Pero estas se han escrito para que ustedes crean que Jesús es el Cristo, el Hijo de Dios, y para que al creer en su nombre tengan vida".

[Juan 20:30–31]

PARA MAYOR DISCUSIÓN O REFLEXIÓN PERSONAL:

[JUAN 20:1-3]
¿Qué crees que le pasó a Simón Pedro que lo trajo de vuelta a la comunidad de los discípulos después de haber negado conocer a Jesús tres veces?

[JUAN 20:9]
¿Cómo explicas el comentario de Juan de que Pedro y él todavía no entendían lo que significaba para Jesús ser resucitado de entre los muertos?

[JUAN 20:24-29]
Tomás, el escéptico honesto, tuvo problemas para aceptar el testimonio de sus colegas de que habían visto a Jesús resucitado. ¿Cómo deberían los cristianos tratar con escépticos honestos?

[JUAN 20:1-31]
¿Qué cambios ves en los discípulos a medida que experimentan estos primeros encuentros con Jesús después de su resurrección?

SESIÓN 13

¿CÓMO ES LA TRANSFORMACIÓN?

Juan 21

No hay, tal vez, un capítulo más relevante en la Biblia para el creyente moderno que el vigésimo primer capítulo de Juan. La mayoría de nosotros nos hemos sentido como fracasados en algún momento. El trato de Jesús a Pedro en las orillas del Mar de Galilea ofrece gran esperanza para aquellos de nosotros que, a veces, hemos hecho un desastre de nuestras vidas e incluso negar que somos seguidores de Jesús, es decir, que permanecemos en silencio cuando deberíamos haber hablado o haber seguido adelante con la cultura en la que debimos mantenernos firmes en nuestra fe.

Juan registra que en algún momento después del encuentro de los discípulos con Jesús en una habitación en Jerusalén, algunos, junto con Pedro, había regresado a las orillas del mar de Galilea. Allí Pedro declaró: "Voy a pescar". Esto fue más que una declaración de intento y el viaje de pesca de Pedro no fue para divertirse. Pedro, habiendo fallado a Jesús cuando negó a Cristo en su hora de mayor necesidad, todavía sentía el aguijón paralizante de un fallo completo pero inesperado. El viaje de pesca de Pedro fue una señal de rendición. A pesar de las palabras de Jesús que indican que Pedro sería un gran líder al difundir las buenas nuevas de Cristo, Pedro tenía la intención de regresar a una vida con la que estaba familiarizado. Fue pescador antes del encuentro con Jesús. Podría volver a ser pescador. Es en este estado de mente que Pedro volvió a visitar las orillas del Mar de Galilea. Una de las grandes tragedias de su decisión es que varios de los otros discípulos lo siguieron en este regreso a lo familiar, un acto que era contrario a los planes de Jesús para sus vidas.

[Juan 21:1-3]

> ¿Alguna vez sufriste una falla significativa en tu caminata con Cristo? Si es así, ¿cómo te hizo sentir y cómo renovaste tu relación con Cristo?
>
> ¿Crees que tus decisiones con respecto a tu fe influencian la vida espiritual de otros creyentes?

A pesar de todo esto, Pedro y algunos de los otros discípulos fueron a pescar durante una noche entera. No atraparon nada. Temprano a la mañana siguiente, escucharon una voz que llamaba desde la orilla: *"Muchachos, ¿no tienen algo de comer?"*

"No", respondieron.

Él dijo: *"Tiren la red a la derecha de la barca, y pescarán algo"*.

Cuando hicieron esto, la red estaba tan llena de peces que no podían sacarla. Esta escena debe haber traído recuerdos para varios de ellos ya que fue de esta manera que habían conocido a Jesús por primera vez.

Entonces el discípulo a quien Jesús amaba le dijo a Pedro: "Es el Señor". Cuando escuchó esas palabras, Pedro no esperó hasta el bote fuese arrastrado a la orilla, saltó al agua y se dirigió a la playa. Los otros discípulos pronto siguieron llevando el barco con su red llena de peces a la orilla. Allí vieron un fuego de brasas ardientes con peces y algunos panes. Jesús les pidió que trajeran algunos de los peces que ellos acababan de atrapar y los invitó a desayunar. Del registro de las escrituras de este relato, parece que los discípulos no reconocieron a Jesús o, tal vez, pensaron que estaban viendo una aparición. No se da ninguna otra explicación de por qué no le preguntarían: *"¿Quién eres tú?"*

[Juan 21:3-14]

> **¿Por qué crees que los discípulos no siempre reconocieron a Jesús en Su forma resucitada?**

Después del desayuno, Jesús hizo algo bastante simbólico. Preguntó Pedro si realmente lo amaba.

"Sí", respondió Pedro, *"sabes que te quiero"*.

Jesús entonces dijo: *"Apacienta mis corderos"*.

Jesús repitió su pregunta a Pedro. Pedro respondió con la misma respuesta.

Jesús dijo: *"Cuidad de mis ovejas"*.

Una tercera vez, Jesús le hizo a Pedro la misma pregunta. A esta hora expresando dolor y frustración, Pedro respondió: *"Señor tú lo sabes todo; tú sabes que te amo"*.

Jesús dijo: *"Apacienta mis ovejas"* y, después de algunos comentarios adicionales, le dijo a Pedro: *"¡Sígueme!"*

[Juan 21:15-19]

> ¿Cómo esta conversación con Pedro demuestra que incluso cuando fallamos miserablemente, Jesús todavía nos ama y nos busca? ¿Cómo ayuda Jesús a evitar que seamos destruidos por nuestra culpa y vergüenza?
>
> ¿De qué manera nos busca Jesús?

El encuentro con Pedro nos muestra que Jesús se encuentra con nosotros donde nosotros estamos y nos habla en un idioma que entenderemos y al que responderemos. Tres veces Pedro había negado a Jesús y tres veces Jesús le dio la oportunidad de proclamar su amor por su Señor. En lo que respecta a Cristo, el asunto estaba sentado. Tres proclamaciones de fe después de tres declaraciones de negación no eran necesarias. Sin embargo, esto fue algo para que Pedro pudiera relatar. A partir de ese momento, vemos a Pedro siendo el líder que Jesús había querido que fuera.

Juan concluyó su Evangelio diciendo que él era el discípulo que testificó de estas cosas y las escribió. Agregó que Jesús hizo muchas otras cosas y que, "si se escribiera cada una de ellas, pienso que los libros escritos no cabrían en el mundo entero".

[Juan 21:20–25]

> ¿Cuántas veces crees que Jesús te perdonará de un pecado en particular?
>
> ¿Alguna vez has luchado con un pecado por el cual aparentemente no puedes encontrar el perdón? ¿Cómo has tratado con él? Si todavía estás lidiando con eso, ¿cómo tu entendimiento de Jesús y el Espíritu Santo trae una resolución satisfactoria?

A lo largo de este estudio esperamos que hayas observado cómo el evangelio de Juan es único en muchos sentidos. Más claramente que cualquiera de los otros escritores, Juan demuestra cómo Jesús transformó un grupo de hombres de diferentes ámbitos de la vida en las vasijas que llevarían el poder transformador de Jesús al mundo. Mientras escribe sobre este poder transformador, Juan explica que, una vez iniciada la transformación en una persona, ese individuo nunca será el mismo. Pablo, una vez perseguidor de cristianos, entendió esto tan bien como ninguno cuando, después de su encuentro con Jesús, escribió:

"Estando persuadido de esto, que el que comenzó en [ustedes] la buena obra, la perfeccionará hasta el día de Jesucristo." (Filipenses 1:6)

Conocer a Jesús personalmente es experimentar realmente Tu Transformación.

PARA MAYOR DISCUSIÓN O REFLEXIÓN PERSONAL:

[JUAN 1-21]

Habiendo visto cómo Jesús transformó la vida de los discípulos, y los otros hombres y mujeres que lo siguieron, ¿estás dispuesto a dejar que Jesús te transforme?

¿Qué transmite este Evangelio acerca de cómo puedes ser transformado espiritualmente?

¿Estás dispuesto a dejar que Jesús continuamente te transforme espiritualmente por el resto de tu vida?

¿Qué pasos tomarás ahora para comenzar tu transformación? ¿Volverás y compartirás tu plan con el grupo?

EPILOGO

Durante las 13 sesiones de este estudio, has visto un poco de lo que los primeros discípulos experimentaron mientras caminaban con Jesús a través de los tres años y medio de su actividad en el ministerio. ¡Has tenido una aventura relámpago junto con los de tu grupo!

Las preguntas han guiado tu tiempo de diálogo durante este estudio. Nos gustaría dejarte con algunas preguntas más a considerar en tu vida.

1. ¿Estás dispuesto a pedirle a Jesús que te dé un nuevo comienzo con él y transformar tu vida?

2. ¿Puedes hacer que seguirlo sea tu máxima prioridad?

3. ¿Qué le dirías a otra persona sobre lo que estás aprendiendo acerca de Jesús?

4. ¿Estás dispuesto a compartir las Buenas Nuevas acerca de él on otros en tu mundo?

A medida que continúas viajando con Jesús, por favor recuerda que no viajas solo. Él se te ha adelantado para abrir el camino, y promete estar contigo en cada paso del camino. Él promete dar un propósito floreciente y una vida significativa ahora y por la eternidad a todos los que viajan con él, a cada persona que afirma que Jesús es Señor y Salvador. Además, ha prometido proporcionar la sabiduría, el poder e incluso las palabras que necesitas para invitar a otros a seguirlo también.

Si disfrutaste de este estudio del Evangelio según Juan, quizá quieras estudiar una visión diferente de la vida de Jesús como lo dijo el apóstol Marcos. TU INVITACIÓN, es un estudio de descubrimiento en grupos pequeños de 11 sesiones diseñado para profundizar tu comprensión del amor y el perdón de Dios expresados en la vida y las enseñanzas de Jesucristo. TU INVITACIÓN, de Living Dialog Ministries, está disponible en línea por menudeo y en librerías en todas partes.

Visita nuestro sitio web, www.lifesbasicquestions.com, para obtener un lugar para abordar algunas de las preguntas centrales de la vida. El sitio web está diseñado para ser una forma fácil de usar para dialogar sobre los tipos de problemas que encontraste en tu estudio del Evangelio de Juan. También hay un lugar en el sitio web para que los visitantes hagan sus propias preguntas y recibir una respuesta confidencial del equipo de Living Dialog Ministry. Es un servicio útil, un recurso sin costo que puedes compartir con otros.

ACERCA DE NOSOTROS
Directores de Los ministerios viendo el diálogo

JOHN C. (JACK) DANNEMILLER, presidente y CEO de The Living Dialog Ministries [Ministerios Viviendo el Diálogo], es el ex presidente y CEO de Applied Industrial Technologies, una corporación Fortune de 1000. Es un líder de 30 años de estudios bíblicos de grupos pequeños, un orador frecuente en eventos de Christian Businessmen y un conferencista en el la Escuela Weatherhead de Graduados en Negocios de la Universidad Case Western Reserve donde fue honrado con el Distinguished Alumni Award.

IRVING R. STUBBS, presidente emérito de The Living Dialog Ministerios [Ministerios Viviendo el Diálogo], es un ministro con títulos de la universidad de Davidson y del Seminario Teológico Unión en Nueva York. Sirvió en pastorados, un ministerio urbano y consultor de empresas, medios de comunicación, religiosos, gobierno y organizaciones profesionales y de sus ejecutivos en América del Norte, Europa y Asia. Es autor y coautor de libros, artículos y recursos de aprendizaje.

HENRY R. (HARRY) POLLARD, IV, Secretario de The Living Dialog Ministries [Ministerios Viviendo el Diálogo], es presidente, socio y abogado en ejercicio con Parker, Pollard, Wilton & Peaden, PC de Richmond, Virginia donde ha ejercido la abogacía durante más de 40 años. Ha servido como funcionario y director de numerosas empresas, incluidas entidades bancarias, inmobiliarias y financieras. Es co-fundador y presidente del Instituto de Valores de América.

KENT E. ENGELKE, tesorero de The Living Dialog Ministeries [Ministerios Viviendo el Diálogo], es Director Gerente y Jefe Económico y Estratega de Capitol Securities Management, una empresa de $6.1 mil millones de gestiones de activos, y se ha desempeñado como director de varios bancos que cotizan en la bolsa y empresas de banca hipotecaria. Sus puntos de vista sobre la economía y los mercados son rutinariamente solicitados por los principales medios de comunicación. Él le da crédito a Dios por las palabras que escribe a diario y agradece a Dios por el valor y la perseverancia en la superación de obstáculos.

BRIAN N. REGRUT, director ejecutivo de The Living Dialog Ministries [Ministerios Viviendo el Diálogo], es un ex ejecutivo de relaciones públicas y consultor, escritor de discursos corporativos, autor y conferencista sirviendo a clientes en los campos de telecomunicaciones, finanzas, servicios y educación. Ha servido en una variedad de roles en las iglesias de liderazgo incluyendo la predicación y la enseñanza. Él y su esposa de más de 50 años han enseñado juntos en la escuela dominical y han dirigido estudios bíblicos en grupos pequeños durante muchos años.

LA DRA. FRANCELIA CHÁVEZ DE McREYNOLDS nació en CDMX pero vivió muchos años en Villahermosa, Tab., donde conoció el Evangelio y fue llamada a ser misionera a la edad de 24 años. Está casada con el misionero Christopher. Tiene un doctorado en Misionología de la Facultad Teológica de Brasil; una Maestría en Artes y Religión del Seminario Teológico Westminster en Pensilvania, E.U.; y una licenciatura en Idiomas y otra en Teología en México. Ha escrito currículo para niños, jóvenes y adultos. Ha sido profesora en diversos seminarios teológicos y escrito y dado conferencias sobre consejería, teología, misiones y educación bíblica. Francelia y Chris son los directores del Programa AMO en México.

UNA HERRAMIENTA QUE INVITA AL PENSAMIENTO SOBRE EL EVANGELISMO PARA IGLESIAS Y ORGANIZACIONES

Para aquellos que están en un viaje de descubrimiento, finalmente respuestas a las más profundas preguntas de la vida. Este pequeño libro ha sido distribuido a miles.

Disponible a granel a un precio razonable con una funda personalizada con tu logo y mensaje de tu iglesia u organización.

Únete al diálogo

www.lifesbasicquestions.com

Para precios por correo electrónico

info@livingdialog.com

CHECA LOS OTROS GRUPOS PEQUEÑOS DE DESCUBRIMIENTO

TU INVITACIÓN

ayuda a guiar pequeños grupos en un emocionante descubrimiento, a través de un diálogo intencional del Evangelio de Marcos.

Cada una de las 11 sesiones comienza con una pregunta que invita a la reflexión y lleva al grupo a una narrativa corta, bíblicamente precisa intercalada con preguntas que el grupo puede usar como iniciadores del diálogo.

ILUMINANDO EL CAMINO

eayuda a guiar grupos pequeños en un emocionante descubrimiento, de la carta del apóstol Pablo a los seguidores de Cristo que vivían en Roma. En esta epístola, Pablo establece las principales doctrines del Cristianismo que han guiado a la Iglesia por dos milenios. Cada una de las 12 sesiones comienza con una pregunta que invita a la reflexión y lleva al grupo a una narrativa corta, bíblicamente precisa intercalada con preguntas que el grupo puede usar como iniciadores del diálogo.

www.ingramcontent.com/pod-product-compliance
Lightning Source LLC
Chambersburg PA
CBHW072058290426
44110CB00014B/1729